MEU CAMINHO DE FÉ

seguindo o exemplo de Carlo Acutis

PLANNER

Paulinas

Este PLANNER pertence a

Nome ....

Endereço..

Cidade...Estado ....

Bairro...CEP ....

Celular...

E-mail...

Minhas redes sociais

INTRODUÇÃO

Querido leitor, querida leitora,

São Carlo Acutis é o primeiro santo da geração *millennial*. Ao longo de sua vida, Carlo demonstrou profunda devoção à Eucaristia. Participava da missa todos os dias e, quando estava ocupado demais com os estudos, fazia uma meditação. Suas palavras, "A Eucaristia é minha autoestrada para o céu", tornaram-se famosas.

Carlo foi um adolescente alegre e extrovertido, de bom coração. Não escondia sua fé e seu amor por Jesus. Em setembro de 2006, foi diagnosticado com uma forma agressiva de leucemia. Em poucos dias, sua saúde piorou. Ele ofereceu seu sofrimento ao Senhor, pelo Santo Padre, pelo bem da Igreja e pela esperança de ir para o céu. Faleceu em 12 de outubro do mesmo ano.

Suas virtudes heroicas e os testemunhos de santidade foram reconhecidos pela Igreja com a beatificação em 10 de outubro de 2020 e a canonização em 7 de setembro de 2025. Sua festa litúrgica foi estabelecida em 12 de outubro.

Carlo se tornou muito querido por jovens de todo o mundo, e no Brasil de modo especial. Pensando nisso, foi criado este planner. Trata-se de uma proposta para registrar sua jornada de fé, seguindo o exemplo de São Carlo Acutis.

O planner é apresentado com uma dinâmica semanal, de janeiro a dezembro, conforme está composto o ano civil. Nele, você encontrará citações inspiradoras de São Carlo Acutis em diálogo com passagens bíblicas especialmente selecionadas, registros da pesquisa de São Carlo sobre os milagres eucarísticos, um espaço para uso criativo e um quadro no qual você pode se expressar sobre as principais áreas de sua experiência de fé. Tudo é apresentado em um design jovem e inspirador, que inclui uma cartela de adesivos, calendários e um minipôster exclusivo com a oração a São Carlo Acutis no verso.

Esta proposta semanal permite que você comece a registrar sua jornada em qualquer momento de seu seguimento de Jesus, a exemplo de São Carlo Acutis.

ORIENTAÇÕES DE USO

Este planner é uma ferramenta para a organização pessoal de sua prática religiosa, estimulando o registro de reflexões, orações e leituras bíblicas. O objetivo é ajudar você a manter o foco, fazer um acompanhamento de suas metas e estabelecer compromissos de fé.

1. Mensagem de fé: leia a frase bíblica e medite-a no seu coração. Ela será o norte de sua semana de fé.
2. Milagre eucarístico: conheça um milagre da presença real de Jesus na Eucaristia, catalogado por São Carlo Acutis.
3. Reflexão e quadro motivacional: reflita e registre sua principal vivência da semana inspirada no testemunho de São Carlo Acutis.
4. Espaço cotidiano: registre seus compromissos e os fatos marcantes do dia a dia. Pinte ou sinalize o ícone que sintetiza como você se sente cotidianamente.
5. Ao final de cada mês, você é convidado a revisitar as semanas a ele correspondente e fazer uma síntese de como você percebeu a presença concreta de Jesus Cristo na sua vida.
6. Arco da vida: pinte os níveis atingidos nas várias áreas de sua vida durante o mês.
7. Lembre-se: este planner é seu para usá-lo como achar melhor. Desenhe, escreva, pinte, cole... enfim, use sua criatividade para expressar-se semana a semana, como seguidor de Jesus Cristo sob a inspiração de São Carlo Acutis. Que o jovem santo seja seu companheiro nessa jornada de oração, estudos, conquistas, cooperação, desafios e tudo o mais que a vida oferece a cada momento. Fazendo esse percurso, você encontrará Jesus Cristo – o Caminho, a Verdade e a Vida – que nos leva ao Pai, nos revela o Pai e nos faz viver no Pai.

Abençoada caminhada para você!

PALAVRAS DO PAPA LEÃO XIV SOBRE SÃO CARLO ACUTIS*

Queridos irmãos e irmãs,

Muitos jovens, ao longo dos séculos, tiveram de enfrentar encruzilhadas na vida. E quantos outros santos e santas poderíamos recordar! Às vezes, são retratados como grandes personagens, esquecendo que tudo começou para eles quando, ainda jovens, responderam "sim" a Deus e se entregaram totalmente a Ele, sem guardar nada para si mesmos.

Neste contexto, hoje olhamos para São Carlo Acutis: um jovem do início do século XX e um adolescente dos nossos dias, apaixonado por Jesus e pronto a dar tudo por Ele. Carlo encontrou Jesus na família, depois também na escola, e sobretudo nos sacramentos, celebrados na comunidade paroquial. Assim, cresceu integrando naturalmente nas suas jornadas de criança e adolescente a oração, os esportes, o estudo e a caridade.

Carlo cultivou o amor a Deus e aos irmãos através de meios simples, ao alcance de todos: a Santa Missa diária, a oração, especialmente a adoração eucarística. Carlo dizia: "A tristeza é o olhar voltado para si mesmo, a felicidade é o olhar voltado para Deus. A conversão nada mais é do que desviar o olhar de baixo para cima, basta um simples movimento dos olhos".

Outra coisa essencial para ele era a confissão frequente. Carlo escreveu: "A única coisa que devemos realmente temer é o pecado"; e admirava-se porque – são sempre palavras suas – "os homens se preocupam tanto com a beleza do próprio corpo e não se preocupam com a beleza da própria alma". Finalmente, tinha uma grande devoção pelos santos e pela Virgem Maria, e praticava generosamente a caridade. Carlo praticava-a sobretudo através de pequenos gestos concretos, muitas vezes ocultos, vivendo aquela que o Papa Francisco chamou de "a santidade ao pé da porta" (*Gaudete et exsultate*, n. 7).

* Trechos das palavras do Papa Leão XIV na santa missa com o rito das canonizações, em 7 de setembro de 2025.

Quando a doença o atingiu e ceifou a sua jovem vida, nem mesmo isso o impediu de amar, de se oferecer a Deus, de bendizê-lo e de orar por si próprio e por todos. Carlo gostava de dizer que o céu nos espera desde sempre, e que amar o amanhã é dar hoje o melhor de nós mesmos.

Carlo Acutis é um convite dirigido a todos nós – especialmente aos jovens – a não desperdiçar a vida, mas a orientá-la para cima e a fazer dela uma obra-prima. Ele encoraja-nos com as suas palavras: "Não eu, mas Deus", dizia Carlo. E é também o testemunho que somos chamados a seguir, para saborear a vida até o fim e ir ao encontro do Senhor na festa do Céu.

ALGUNS TRAÇOS DA VIDA DE SÃO CARLO ACUTIS*

O PEQUENO CARLO

Carlo Acutis nasceu em Londres no dia 3 de maio de 1991 e, poucos dias depois, em 18 de maio, foi batizado na Igreja de Nossa Senhora das Dores. Cresceu em um contexto familiar sereno e acolhedor. Por motivos de trabalho, em setembro do mesmo ano a família mudou-se para Milão, onde Carlo iniciou a escola de educação infantil e, depois, o primário com as Irmãs Marcelinas, na Praça Tommaseo. Ele é até hoje lembrado como um menino vivaz e sociável, às vezes distraído ou entediado, mas sempre generoso.

Em 2005, Carlo se inscreveu no Liceu Clássico Leão XIII, dos jesuítas. Concluiu a educação secundária média com distinção, mas foi já durante o ginásio que realizou alguns grandes projetos. Causava muita admiração a facilidade com que desvendava os segredos da informática: programava computadores, editava filmes, criava sites e até cuidava da redação e da diagramação de pequenos jornais.

Entre as frases que o inspiravam, estavam algumas de Steve Jobs, que Carlo tomou para si: "O seu tempo é limitado, por isso não o desperdice vivendo a vida de qualquer outra pessoa". "Ser o homem mais rico do cemitério não me interessa... Ir para a cama à noite dizendo que fizemos algo fantástico, é isto que me interessa".

A ESCOLHA DE SERVIR

No outono de 2004, foi se definindo o caminho de serviço que Carlo desejava seguir: aceitou ser vice-catequista nos cursos de preparação à Crisma e, depois, empenhou-se no desenvolvimento e na atualização dos sites da internet da paróquia e da escola.

---

* Cf. OCCHETTA, Francesco. Carlo Acutis: a vida além dos limites. São Paulo: Paulinas, 2018.

Nesse mesmo período, ainda se lançou na promoção de um projeto de voluntariado no âmbito de um concurso nacional. Quando um dos padres jesuítas propôs à sua classe participar do caminho da Comunidade de Vida Cristã, Carlo levantou a mão e disse: "Eu me interesso por esse itinerário evangélico que o senhor propõe". Foi o único de sua classe a responder.

INESQUECÍVEL

No Liceu, Carlo deixou lembranças vivas entre os colegas, e alguns chegaram até a criar páginas em sua homenagem nas redes sociais. Recordam-no como alguém corajoso, livre e brincalhão, mas sem ser vulgar. Admiravam nele uma virtude considerada "fora de moda" e o equilíbrio sereno com que vivia as exigências morais.

Seu professor de religião do ginásio lembra que, durante uma discussão em classe sobre aborto, Carlo foi o único a se posicionar-se contra. Às amigas, insistia para que não banalizassem o corpo, "templo do Espírito Santo"; aos amigos, advertia para não caírem nas armadilhas dos sites pornográficos. Foram anos em que procurou transmitir a seus companheiros a importância da vontade e da capacidade de dominá-la.

É lembrado pelo Secretário da Pontifícia Academia *Cultorum Martyrum*, Pier Luigi Imbrighi, e por outros com quem colaborou, pela grande disponibilidade e dedicação, pela generosidade em partilhar seus conhecimentos com todos que lhe pediam ajuda e pelo uso da internet como instrumento para fazer o bem.

Ele ajudava imigrantes, mendigos, pessoas com deficiência, idosos, crianças. Apoiava os amigos cujos pais estavam em processo de separação e, em sala de aula, defendia aqueles que tinham mais dificuldade para se integrar. Em mais de uma ocasião, protegeu colegas com deficiência que sofriam *bullying*.

Seu pai recorda: "A docilidade ao Senhor não se pode alcançar sem treinar-se na docilidade aos próprios superiores legítimos. Nisso, Carlo se beneficiava de uma graça muito especial. De fato, desde criança, quando eu o repreendia por algum motivo, logo se mostrava obediente, sem nenhum rancor, mesmo tendo uma personalidade forte e vivíssima. Quem conheceu Carlo sempre notou nele uma particular harmonia no seu modo de relacionar-se com o próximo. Quantas vezes ouvimos a frase: 'Carlo é um menino especial!'. Tinha um dom particular de simpatia, mas apenas essa atitude não explica a marca que deixou em tantos corações. Assim como, nas artes humanas, a excelência se conquista com duros e longos sacrifícios, do mesmo modo no campo espiritual não se consegue 'elevar-se' sem constância na prática da fé. Em Carlo – continua o pai – se podia admirar uma contínua e sempre renovada orientação da vontade para o bem, possível graças ao seu abandono no Senhor. Seus segredos eram um firme e sempre renovado desejo de colocar Deus em primeiro lugar e o recurso constante aos tesouros administrados pela Igreja: a Eucaristia e a Confissão. Isso resultava em uma personalidade harmoniosa que irradiava grande serenidade. Aquilo que com frequência se faz de modo artificial por convenção social, Carlo o fazia naturalmente, guiado pelo Senhor. Assim, gestos aparentemente banais, como um bom-dia que repetimos com frequência sem dar importância, nele se tornavam flechas de caridade que tocavam os corações".

PALAVRAS QUE ENTRAM NO CORAÇÃO

Carlo repetia muitas vezes: "As pessoas se preocupam tanto com a beleza do próprio corpo e não se preocupam com a beleza da alma"; "Viver em Deus não é impossível. A conversão não é nada além de olhar para cima em vez de para baixo; basta um simples movimento dos olhos". E resumiu em poucas palavras a escolha feita em seu coração: "Não eu, mas Deus".

Curiosamente, a frase do Evangelho que o motivava é a mesma que mudou a vida de São Francisco Xavier, padroeiro das missões: "De que adianta a alguém ganhar o mundo inteiro, se vier a perder-se e a arruinar a si mesmo?" (Lc 9,25). De modo semelhante, dizia Carlo: "O que adianta uma pessoa vencer mil batalhas se depois não for capaz de vencer a si mesma e as próprias paixões corruptas?", e ainda: "Não o amor-próprio, mas a glória de Deus".

Padre Roberto Gazzaniga, animador espiritual dos Liceus e encarregado da pastoral escolar do Instituto Leão XIII no tempo de Carlo, recorda seu exemplo: "Quantas vezes, como padre e responsável pela pastoral juvenil, exultei ao ver e ouvir Carlo, [quando me dava conta] da influência positiva sobre os colegas [...]. Mais ainda agora, que é como a semente que entrou na terra para produzir fruto de vida. Poderíamos indicá-lo e dizer: eis um jovem e um cristão feliz e autêntico. Carlo é um dom, e seu nome é pronunciado com respeito e saudade. Carlo está conosco e ao mesmo tempo nos faz falta".

De fato, os colegas realçam que seu testemunho de fé era contagiante também para a vida deles. Um deles afirma: "Depois da morte dele, eu me reaproximei da Igreja, e acho que isso é mérito de uma intercessão de Carlo".

UM GAROTO COMO EU E VOCÊ

Carlo gostava dos animais: tinha dois gatos, quatro cães e muitos peixes vermelhos; seu computador estava repleto de fotos deles. Seu amor pela criação se exprimia em uma particular sensibilidade ecológica. Manter limpo o ambiente que habitamos e cuidar da criação era outro segredo de Carlo para viver em harmonia.

Ele gostava de pipas, de desenhos animados, filmes e jogos eletrônicos. Amava os personagens da série Pokémon; era fera no PlayStation; amava especialmente os filmes de ação e desafiava os concorrentes nos programas de perguntas e respostas da TV. No entanto, colocava o que conhecia de tecnologia a serviço de sua vida interior. Um exemplo? Em seu computador instalou um programa para "recitar o Rosário".

Poucos dias antes de morrer, com orgulho, mostrou o *slogan* que criou para participar do concurso nacional: "Voluntário você será!". Uma frase simples que, porém, recorda o valor absoluto do Evangelho, segundo o qual não é defender a própria vida, mas dar a vida pelos amigos (cf. Jo 15,13).

SUA MAIOR OFERTA

Diz-se que a qualidade da morte de cada pessoa reflete aquilo que ela viveu. Carlo é prova disso. Ao adoecer e receber o diagnóstico de leucemia fulminante, disse à mãe no hospital: "Daqui não sairei mais". As palavras que "entregou" como herança aos pais os surpreenderam e comoveram: "Ofereço todos os sofrimentos que deverei padecer ao Senhor, pelo Papa e pela Igreja, para não passar pelo Purgatório, mas ir direto para o Céu".

Ele pediu para receber o sacramento da Unção dos Enfermos e queria ter por perto a mãe e a avó, que passaram aqueles últimos dias no hospital São Gerardo de Monza. Sabia que sua vida estava terminando, mas, quando enfermeiros e médicos lhe perguntavam como estava se sentindo, respondia: "Bem, há gente que está pior". Durante a noite não dormia por causa das dores, mas não deixava que acordassem sua mãe: "Ela também está muito cansada e ficaria ainda mais preocupada". Seu coração deixou de bater às 6h45m do dia 12 de outubro de 2006.

O LEGADO DE CARLO

Carlo deixou uma dupla herança. A primeira, mais profunda, é a de sua vida e do seu amor por Jesus, que a mãe Antônia assim resumiu: "Desde pequeno, e sobretudo após a Primeira Comunhão, Carlo nutria uma amizade pessoal com o sacrário, a quem se confiava. Por isso, jamais faltou ao encontro cotidiano com a Missa, o Rosário e a adoração Eucarística".

A segunda grande herança é a exposição que recorda os milagres eucarísticos. Em 2002, ao visitar as exposições *Encontro* em Rimini, Carlo sentiu-se inspirado a organizar uma exposição própria sobre os milagres eucarísticos aprovados pela Igreja. Um trabalho exigente, que envolveu seus pais por cerca de dois anos e meio. A primeira edição foi realizada na Basílica de São Carlo al Corso, em Roma, e posteriormente percorreu países de todos os continentes.

O site <www.miracolieucaristici.org/> apresenta painéis que explicam os vários milagres eucarísticos ocorridos em diversos países. Um pequeno trecho de alguns desses milagres eucarísticos é exposto em cada semana desse planner.

A exposição recebeu reconhecimento internacional, sendo promovida por diversas conferências episcopais – entre as quais as das Filipinas, da Argentina e do Vietnã –, e, no Santuário de Fátima, foi apresentada por ocasião do centenário da morte de Francisco Marto, um dos pastorzinhos de Fátima.

Outro fenômeno constante é a forma como a figura de Carlo tem sido acolhida por muitas dioceses ao redor do mundo, assim como por diversos movimentos eclesiais, como modelo para os jovens.

Trata-se de uma verdadeira sinfonia de vozes e testemunhos, muitas vezes desconhecidos entre si, que levam avante, cada um a seu modo, "a fama de santidade" que a Igreja poderá reconhecer com o tempo, graças ao Evangelho vivo de sua vida que Carlo nos deixou escrito. Vidas como a dele despertam nossa consciência, frequentemente adormecida pelo cotidiano, convidando-nos a levantar o olhar e a admirar o horizonte da existência, naquele ponto em que o limite da vida terrena se abre para o mistério do que vem além.

Como diz a Bíblia: "As estrelas brilham alegres cada qual no seu lugar. Deus chama e elas respondem: 'Pronto!', brilhando com alegria para aquele que as fez" (Br 3,34-35). Continue a brilhar de alegria por nós, Carlo!

SÃO CARLO ACUTIS

Em novembro de 2012, o Cardeal Arcebispo de Milão, Angelo Scola, deu início aos atos preliminares para a postulação da Causa de Beatificação do Servo de Deus Carlo Acutis.

Carlo foi beatificado em 10 de outubro de 2020, na Basílica de São Francisco, em Assis, Itália, pelo Cardeal Agostino Vallini, e canonizado em 7 de setembro de 2025 pelo Papa Leão XIV.

MEU CAMINHO DE FÉ

seguindo o exemplo de Carlo Acutis

JANEIRO

MENSAGEM DE FÉ

"Nisso vos regozijais, a fim de que a autenticidade de vossa fé, mais preciosa que o ouro perecível, que todavia é verificado pelo fogo, encontre louvor, glória e honra na revelação de Jesus Cristo, a quem, sem ter visto, amais" (1Pd 1,6-8).

REFLEXÃO

Quero ser original, seguindo o exemplo de Carlo Acutis.

MILAGRE EUCARÍSTICO

Em Lanciano (Itália), no século VIII, um monge que sofria de dúvidas sobre a verdade do dogma da transubstanciação – isto é, a conversão substancial do pão e do vinho no corpo e sangue de Cristo – celebrava a missa quando, no momento da consagração, a hóstia tornou-se visivelmente carne viva, e o vinho, sangue vivo, diante de seus olhos.

"Todos nascem originais, mas muitos morrem como fotocópias."

Janeiro

1 D S T Q Q S S

2 D S T Q Q S S

3 D S T Q Q S S

4 D S T Q Q S S

5 D S T Q Q S S

6 D S T Q Q S S

7 D S T Q Q S S

MENSAGEM DE FÉ

"Porque Deus não nos destinou para a ira, mas para a posse da salvação por nosso Senhor Jesus Cristo, que morreu por nós, a fim de que, quer vigiemos, quer durmamos, vivamos com ele" (1Ts 5,9-10).

REFLEXÃO

Quero estar sempre unido a Jesus, seguindo o exemplo de Carlo Acutis.

MILAGRE EUCARÍSTICO

Em 1263, durante uma missa em Bolsena (Itália), após a consagração começaram a cair gotas de sangue da hóstia consagrada sobre o corporal. Dizem que isto ocorreu porque o padre teria duvidado da presença real de Cristo na Eucaristia. O Papa Urbano IV, ordenou que a relíquia eucarística fosse levada a Orvieto, onde residia. Quando a procissão chegou à cidade, o Papa pronunciou as palavras: *Corpus Christi*.

"Estar sempre unido a Jesus, esse é o meu projeto de vida."

Janeiro

8 DSTQQSS

9 DSTQQSS

10 DSTQQSS

11 DSTQQSS

12 DSTQQSS

13 DSTQQSS

14 DSTQQSS

MENSAGEM DE FÉ

"Tendo tomado um pão e dado graças, partiu-o e lhes deu, dizendo: 'Isto é meu corpo, que é dado por vós. Fazei isto em minha memória!' E, depois da ceia, fez o mesmo com o cálice, dizendo: 'Este cálice é a nova aliança com meu sangue, que é derramado por vós'" (Lc 22,19-20).

REFLEXÃO

Quero receber a Eucaristia e tornar-me semelhante a Jesus, seguindo o exemplo de Carlo Acutis.

MILAGRE EUCARÍSTICO

Durante o século XII propagava-se a heresia de Berengário de Tours (†1088), que negava a presença real de Cristo na Eucaristia. Em 1171, na Basílica de Santa Maria em Vado, em Ferrara (Itália), durante a missa de Páscoa, quando o padre partiu o pão consagrado, ele se transformou em carne, da qual saiu um fluxo de sangue que atingiu a parte superior do altar e cujas marcas são visíveis ainda hoje.

“Quanto mais recebemos a Eucaristia, mais nos tornaremos semelhantes a Jesus.”

Janeiro

15 D S T Q Q S S

16 D S T Q Q S S

17 D S T Q Q S S

18 D S T Q Q S S

19 D S T Q Q S S

20 D S T Q Q S S

21 D S T Q Q S S

MENSAGEM DE FÉ

"A partir de agora, todas as gerações me chamarão bem-aventurada, porque o Poderoso fez coisas grandiosas para mim" (Lc 1,48b-49).

REFLEXÃO

Quero santificar-me, seguindo o exemplo de Carlo Acutis.

MILAGRE EUCARÍSTICO

Em 1330, um sacerdote colocou, indevidamente, uma hóstia dentro do seu breviário para levá-la a um doente. No momento da comunhão, viu que a hóstia havia se liquefeito e, quase reduzida a sangue, molhou as páginas do livro. O sacerdote entregou o livro a um frade agostiniano, o qual levou para Perúgia a página manchada de sangue e para Cássia a outra página. A primeira página perdeu-se em 1866, mas a relíquia chamada de *Corpus Domini* é atualmente venerada na Basílica de Santa Rita.

“A Virgem Maria é a única mulher na minha vida.”

☺ ☺ ☺ ☹ ☹

22 D S T Q Q S S

☺ ☺ ☺ ☹ ☹

23 D S T Q Q S S

☺ ☺ ☺ ☹ ☹

24 D S T Q Q S S

☺ ☺ ☺ ☹ ☹

25 D S T Q Q S S

☺ ☺ ☺ ☹ ☹

26 D S T Q Q S S

☺ ☺ ☺ ☹ ☹

27 D S T Q Q S S

☺ ☺ ☺ ☹ ☹

28 D S T Q Q S S

MENSAGEM DE FÉ

"Tudo o que foi gerado de Deus vence o mundo, e esta é a vitória que venceu o mundo: nossa fé" (1Jo 5,4).

REFLEXÃO

Tenho fé na encarnação e na ressurreição de Jesus, assim como Carlo Acutis.

MILAGRE EUCARÍSTICO

Durante uma guerra na Itália, em 1453, soldados piemonteses saquearam a Igreja de Milão e roubaram diversos objetos, entre os quais o ostensório com a hóstia consagrada. No caminho para Turim, um dos cavalos parou bruscamente diante da Igreja de São Silvestre, o ostensório caiu no chão e, em seguida, elevou-se no ar "com grande esplendor e com raios que pareciam os do sol". O bispo de Turim foi chamado e, ao se ajoelhar em adoração, a hóstia desceu para dentro de um cálice que ele segurava.

“Não temais, porque com a Encarnação de Jesus a morte se torna vida.”

Janeiro

29 D S T Q Q S S

30 D S T Q Q S S

31 D S T Q Q S S

- ✔ Busque um tempo e um espaço para conectar-se com Deus.
- ✔ Reflita sobre sua caminhada de fé e toda a vivência ao longo do mês.
- ✔ Estabeleça as metas de sua jornada de crescimento espiritual para o próximo mês.

Assim eu vivi o mês de JANEIRO

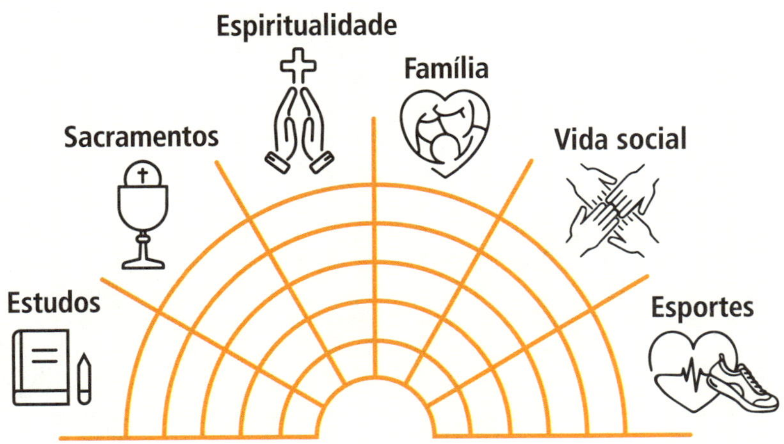

ARCO DA VIDA

FEVEREIRO

MENSAGEM DE FÉ

"Nem todo aquele que me diz: 'Senhor! Senhor!' entrará no Reino dos Céus, mas aquele que faz a vontade de meu Pai, que está nos céus" (Mt 7,21).

REFLEXÃO

Quero entregar-me totalmente a Deus, seguindo o exemplo de Carlo Acutis.

MILAGRE EUCARÍSTICO

Na Basílica de São Francisco, em Sena (Itália), durante a noite de 14 para 15 de março de 1730, ladrões roubaram o cibório de prata onde estavam 223 hóstias consagradas, que foram jogadas no chão. Dois dias depois, as hóstias foram achadas na caixa de esmolas misturas com dinheiro. Elas foram limpas e guardadas; ninguém as consumiu, mas tampouco elas jamais se estragaram, mantendo-se em perfeito estado de conservação.

"Não eu, mas Deus."

1 D S T Q Q S S

2 D S T Q Q S S

3 D S T Q Q S S

4 D S T Q Q S S

5 D S T Q Q S S

6 D S T Q Q S S

7 D S T Q Q S S

MENSAGEM DE FÉ

"Feliz o homem que persevera na provação, porque, tendo sido aprovado, receberá a coroa da vida prometida àqueles que o amam!" (Tg 1,12).

REFLEXÃO

Deus é minha fonte de alegria e paz, assim como acreditava Carlo Acutis.

MILAGRE EUCARÍSTICO

O milagre eucarístico de Seefeld (Áustria), ocorrido em 1384, envolve o cavaleiro Oswald Milser, castelão de Schloßberg, que exigiu receber a comunhão com a hóstia magna do sacerdote. No momento da comunhão, o chão começou a tremer e se abrir. O sacerdote imediatamente retirou a hóstia da boca de Oswald e observou que ela começou a sangrar, fato presenciado por várias pessoas presentes.

"A tristeza é o olhar voltado para si mesmo, a felicidade é o olhar voltado para Deus."

8 D S T Q Q S S

9 D S T Q Q S S

10 D S T Q Q S S

11 D S T Q Q S S

12 D S T Q Q S S

13 D S T Q Q S S

14 D S T Q Q S S

MENSAGEM DE FÉ

"Sou eu a luz do mundo. Quem me segue não caminha nas trevas, mas terá a luz da vida" (Jo 8,12).

REFLEXÃO

Rezo o Terço para me conectar com Deus e a Virgem Maria, como fazia Carlo Acutis.

MILAGRE EUCARÍSTICO

Em 1240, os sarracenos assaltaram a cidade de Assis (Itália). Ao aproximarem-se do Convento de São Damiano, Santa Clara se apresenta à porta segurando a caixinha na qual está guardado o corpo do Santo dos Santos. O Senhor atende seus pedidos de proteção e os sarracenos fogem, sem fazer nenhum mal a suas filhas.

“Cada pessoa reflete a luz de Deus.”

Fevereiro

15 D S T Q Q S S

16 D S T Q Q S S

17 D S T Q Q S S

18 D S T Q Q S S

19 D S T Q Q S S

20 D S T Q Q S S

21 D S T Q Q S S

MENSAGEM DE FÉ

"Não escapará das trevas; a chama do fogo secará seus rebentos, e ao sopro de sua boca desaparecerá. Que ele não confie no vazio que engana, pois o vazio será sua recompensa!" (Jó 15,30-31).

REFLEXÃO

Eu cuido atentamente da minha vida de oração, como fazia Carlo Acutis.

MILAGRE EUCARÍSTICO

O milagre eucarístico de Bois-Seigneur-Isaac (Bélgica) ocorreu em 1405. Durante a missa da Santa Cruz, o sacerdote percebeu que um pedaço da magna hóstia consagrada havia ficado no meio do corporal. Quando tentou consumá-la, ela começou a sangrar e continuou sangrando por quatro dias, até o dia de Pentecostes.

"Por que os homens se importam tanto com o corpo e não se preocupam com a alma?"

Fevereiro

22 DSTQQSS

23 DSTQQSS

24 DSTQQSS

25 DSTQQSS

26 DSTQQSS

27 DSTQQSS

28 DSTQQSS

MENSAGEM DE FÉ

"A respeito dos anjos diz: 'Ele faz de seus anjos ventos e de seus ministros chama de fogo'" (Hb 1,7).

REFLEXÃO

Carlo Acutis rezava ao Anjo da Guarda. Eu procuro fazer o mesmo.

MILAGRE EUCARÍSTICO

Em 1822, na Igreja de Santa Eulália, em Bordeaux (França), logo depois que o Abade Delort distribuiu a bênção com o Santíssimo Sacramento, Jesus apareceu na hóstia consagrada abençoando os fiéis por mais de vinte minutos. Algumas pessoas afirmaram ter ouvido Jesus dizer: "Eu sou aquele que sou".

"Seu anjo da guarda tem que se tornar seu melhor amigo."

- Busque um tempo e um espaço para conectar-se com Deus.
- Reflita sobre sua caminhada de fé e toda a vivência ao longo do mês.
- Estabeleça as metas de sua jornada de crescimento espiritual para o próximo mês.

Assim eu vivi o mês de FEVEREIRO

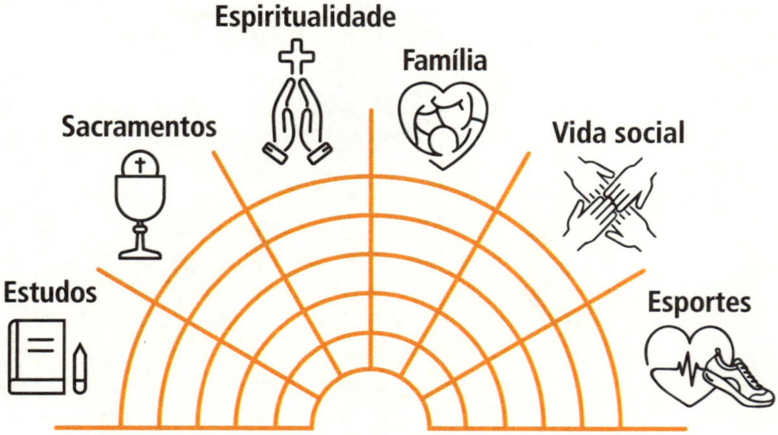

ARCO DA VIDA

MARÇO

MENSAGEM DE FÉ

"Àquele que, segundo a potência que age em nós, pode fazer muitíssimo mais do que possamos pedir ou imaginar, a ele seja a glória na igreja e em Cristo Jesus por todas as gerações dos séculos dos séculos" (Ef 1,20).

REFLEXÃO

Meu coração pertence a Deus, assim como o de Carlo Acutis.

MILAGRE EUCARÍSTICO

Na Quinta-feira Santa do ano de 1417, em Erding (Alemanha), um camponês roubou uma hóstia consagrada com a intenção de usá-la como "amuleto" para melhorar sua situação econômica. No meio do caminho ela escapou de suas mãos e ficou flutuando no ar. Arrependido, ele procurou o pároco, mas foi somente quando o bispo interveio que a partícula foi recuperada. No local do prodígio foi construída uma capela e depois um santuário dedicado ao santíssimo sangue.

"Se Deus possui nosso coração, possuiremos o Infinito."

Março

1 D S T Q Q S S

2 D S T Q Q S S

3 D S T Q Q S S

4 D S T Q Q S S

5 D S T Q Q S S

6 D S T Q Q S S

7 D S T Q Q S S

MENSAGEM DE FÉ

"Dia após dia, partiam o pão nas casas, compartilhavam o alimento com alegria e simplicidade de coração, louvando a Deus. O Senhor acrescentava ao grupo, dia após dia, os que eram salvos" (At 2,46-47).

REFLEXÃO

Carlo Acutis confessava-se regularmente. Também estou em dia com o sacramento da Confissão.

MILAGRE EUCARÍSTICO

O pároco da Igreja St. Mary of Chirattakonam, em Trivandrum (Índia), conta que no dia 28 de abril de 2001, quando se iniciava a novena de São Judas Tadeu, expôs o Santíssimo Sacramento e começou a adoração. Após alguns minutos, ele e os fiéis notaram o surgimento de três pontinhos na santa Eucaristia. Dias depois, ao abrir o tabernáculo, na Eucaristia estava figurado um rosto humano similar ao de Cristo coroado de espinhos.

"Todos os dias vivo a Eucaristia como um diálogo com Jesus, como uma esperança."

Março

8 DSTQQSS

9 DSTQQSS

10 DSTQQSS

11 DSTQQSS

12 DSTQQSS

13 DSTQQSS

14 DSTQQSS

MENSAGEM DE FÉ

"Para a liberdade, Cristo nos libertou. Portanto, permanecei firmes e não vos submetais, novamente, ao jugo da escravidão!" (Gl 5,1).

REFLEXÃO

Aproveito bem a minha liberdade, com responsabilidade, assim como fez Carlo Acutis.

MILAGRE EUCARÍSTICO

No dia 10 de maio de 1718, durante a santa missa na Capela da Obra Pia Milliavacca, em Asti (Itália), quando o sacerdote elevou a hóstia, uma pessoa notou que ela estava partida em duas. O celebrante viu que ela realmente estava partida e que o perfil longitudinal das duas partes estava avermelhado. O pé do cálice, a copa e o corporal estavam salpicados. Todos os que estavam presentes foram testemunhas do prodígio.

“Só quem faz a vontade de Deus será verdadeiramente livre.”

Março

15 D S T Q Q S S

16 D S T Q Q S S

17 D S T Q Q S S

18 D S T Q Q S S

19 D S T Q Q S S

20 D S T Q Q S S

21 D S T Q Q S S

MENSAGEM DE FÉ

"É preciso que o Filho do Homem seja elevado, a fim de que todo aquele que crê tenha, nele, vida eterna" (Jo 3,14).

REFLEXÃO

Sou capaz de me diminuir para que Deus possa crescer, como fez Carlo Acutis.

MILAGRE EUCARÍSTICO

Na cidade de Tixtla (México), em 21 de outubro de 2006, uma religiosa que ajudava durante a comunhão percebeu uma substância avermelhada saindo da hóstia consagrada. Após investigações científicas, foi constatado que a substância era sangue humano com características semelhantes ao encontrado na hóstia de Lanciano e no sudário de Turim. O evento foi considerado um "sinal divino", com reconhecimento de seu caráter sobrenatural.

“A Eucaristia é a minha autoestrada para o céu.”

22 D S T Q Q S S

23 D S T Q Q S S

24 D S T Q Q S S

25 D S T Q Q S S

26 D S T Q Q S S

27 D S T Q Q S S

28 D S T Q Q S S

MENSAGEM DE FÉ

"Eu te livro do povo e das nações, aos quais te envio para abrires seus olhos; ... para que recebam o perdão dos pecados e a herança entre os que foram santificados pela fé em mim" (At 26,17-18).

REFLEXÃO

Carlo Acutis amava Nossa Senhora. Também sou capaz de amá-la.

MILAGRE EUCARÍSTICO

No dia 1º de maio de 1429, na Catedral de São Lourenço, em Alkmaar (Holanda), um sacerdote celebrava a sua primeira missa quando, sem querer, derramou o vinho consagrado sobre o altar e sobre a casula. O vinho milagrosamente transformou-se em sangue e todas as tentativas de remover as manchas da casula foram inúteis. Ela está guardada na Catedral em um valioso relicário em forma de anjo.

"Ao estar diante de Jesus Eucaristia nos tornamos santos."

29 D S T Q Q S S

30 D S T Q Q S S

31 D S T Q Q S S

- Busque um tempo e um espaço para conectar-se com Deus.
- Reflita sobre sua caminhada de fé e toda a vivência ao longo do mês.
- Estabeleça as metas de sua jornada de crescimento espiritual para o próximo mês.

Assim eu vivi o mês de MARÇO

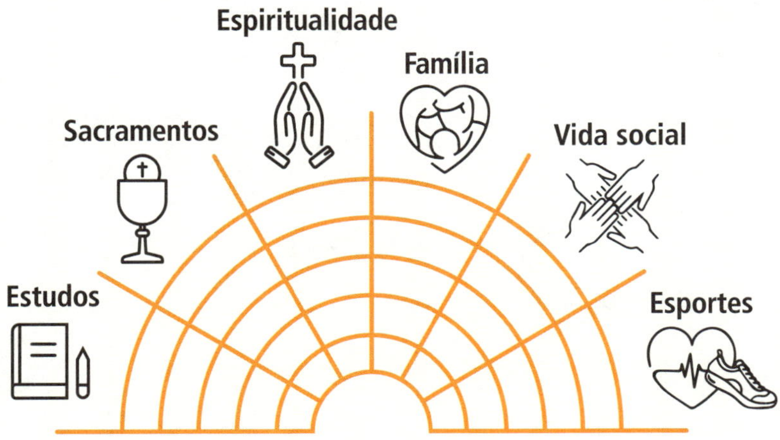

ARCO DA VIDA

ABRIL*

MENSAGEM DE FÉ

"Assim, pois, Deus amou o mundo: a ponto de dar o Filho Unigênito, a fim de que todo aquele que nele crer não pereça, mas tenha a vida eterna" (Jo 3,16).

REFLEXÃO

Como Carlo Acutis, amo a Deus acima de todas as coisas.

MILAGRE EUCARÍSTICO

Durante a adoração do Santíssimo Sacramento na festa de *Corpus Christi* em 1649, na cidade de Puerto Eten (Peru), uma hóstia consagrada exibida para adoração pública mostrou o vulto do Menino Jesus. Algum tempo depois, em 22 de julho, verificou-se uma segunda aparição, do Menino Jesus e três corações resplandecentes unidos, simbolizando a Santíssima Trindade.

"Uma vida só é verdadeiramente bela se passamos a amar a Deus acima de tudo."

Abril

1 D S T Q Q S S

2 D S T Q Q S S

3 D S T Q Q S S

4 D S T Q Q S S

5 D S T Q Q S S

6 D S T Q Q S S

7 D S T Q Q S S

MENSAGEM DE FÉ

"Completou-se o tempo, e está próximo o Reino de Deus. Convertei-vos e crede no evangelho!" (Mc 1,15).

REFLEXÃO

Quero direcionar minha vida para Deus e para o serviço ao próximo, como Carlo Acutis.

MILAGRE EUCARÍSTICO

Em 1247, em Santarém (Portugal) uma dona de casa enganou o padre da Igreja de Santo Estevão a fim de receber a comunhão e entregar a hóstia consagrada a uma bruxa, que lhe prometera ajudar com a infidelidade do marido. Assim que recebeu a hóstia, sem o padre notar, colocou-a nas dobras do seu véu. Imediatamente, a hóstia começou a sangrar. Assustada, a mulher escondeu o véu e a hóstia numa arca de cedro. À noite o casal foi acordado com uma visão de anjos em adoração à sagrada hóstia sangrando.

> "A conversão nada mais é do que mover o olhar de baixo para cima."

8 DSTQQSS

9 DSTQQSS

10 DSTQQSS

11 DSTQQSS

12 DSTQQSS

13 DSTQQSS

14 DSTQQSS

MENSAGEM DE FÉ

"Considero que os sofrimentos do tempo presente não têm proporção com a glória que está por revelar-se a nós" (Rm 8,18).

REFLEXÃO

Quero estudar, meditar e aplicar os ensinamentos bíblicos, como Carlo Acutis.

MILAGRE EUCARÍSTICO

Em Faverney (França), em 1600, um incêndio consumia a igreja do local, quando um noviço notou que o ostensório, contendo o Santíssimo Sacramento, elevou-se e ficou suspenso no ar. Os religiosos e o povo presente conseguiram apagar as chamas, que não chegaram a tocar o ostensório, o qual continuou suspenso por um tempo.

“Existem pessoas que sofrem muito mais do que eu.”

Abril

15 DSTQQSS

16 DSTQQSS

17 DSTQQSS

18 DSTQQSS

19 DSTQQSS

20 DSTQQSS

21 DSTQQSS

MENSAGEM DE FÉ

"Não existe temor a Deus ante os olhos do justo" (Rm 3,18).

REFLEXÃO

Quero viver a Eucaristia buscando a santidade através dos sacramentos e das ações cotidianas, seguindo os passos de Carlo Acutis.

MILAGRE EUCARÍSTICO

Em Stich (Alemanha), em 9 de junho de 1970, durante uma missa, após a consagração, uma mancha avermelhada apareceu no corporal, no local onde o cálice tinha estado. Ao verificar o cálice, o padre constatou que ele estava seco, sem qualquer vazamento. A mancha cresceu, atingindo o tamanho de uma moeda de 10 centavos e não se encontrou nenhuma explicação lógica para o ocorrido.

"A única coisa que devemos realmente temer é o pecado."

Abril

22 D S T Q Q S S

23 D S T Q Q S S

24 D S T Q Q S S

25 D S T Q Q S S

26 D S T Q Q S S

27 D S T Q Q S S

28 D S T Q Q S S

MENSAGEM DE FÉ

"Bem-aventurados os mansos, porque esses herdarão a terra" (Mt 5,5).

REFLEXÃO

Quero viver a Eucaristia buscando a santidade através dos sacramentos e das ações cotidianas, seguindo os passos de Carlo Acutis.

MILAGRE EUCARÍSTICO

O milagre eucarístico que ocorreu em 1996, na Igreja de Santa Maria de Buenos Aires (Argentina), envolveu uma hóstia consagrada que, após cair no chão durante a comunhão, foi colocada em água para se dissolver, conforme os procedimentos litúrgicos. Dez dias depois, ao ser reaberto o recipiente, a hóstia não havia se dissolvido, mas apresentava manchas avermelhadas. Análises revelaram que a substância era tecido cardíaco humano, com características de inflamação e glóbulos brancos ainda vivos.

“Menos ‘eu’, para deixar espaço para Deus.”

29 DSTQQSS

30 DSTQQSS

- Busque um tempo e um espaço para conectar-se com Deus.
- Reflita sobre sua caminhada de fé e toda a vivência ao longo do mês.
- Estabeleça as metas de sua jornada de crescimento espiritual para o próximo mês.

Assim eu vivi o mês de ABRIL

ARCO DA VIDA

MAIO

MENSAGEM DE FÉ

"Nossos pais nos corrigiram por pouco tempo, como melhor lhes parecia; Deus, porém, o faz para nosso bem, a fim de nos tornar participantes de sua santidade" (Hb 12,10).

REFLEXÃO

A busca pela santidade será meu principal objetivo, a exemplo de Carlo Acutis.

MILAGRE EUCARÍSTICO

Em 31 de janeiro de 1906, na ilha de Tumaco (Colômbia), um maremoto fez a terra tremer por dez minutos. O mar já tinha recuado um metro e meio da costa, formando uma enorme onda, como um tsunami. O padre Gerardo Larrondo, então, coloca a hóstia magna no ostensório e convoca os fiéis que se reuniam na porta da igreja para saírem em procissão em direção à praia, onde ergueu o ostensório e traçou o sinal da cruz. A onda, que se aproximava, retrocedeu e o mar voltou ao seu estado normal.

> “A única coisa que nós temos que pedir a Deus na oração é a vontade de ser santos.”

Maio

1 D S T Q Q S S

2 D S T Q Q S S

3 D S T Q Q S S

4 D S T Q Q S S

5 D S T Q Q S S

6 D S T Q Q S S

7 D S T Q Q S S

MENSAGEM DE FÉ

"Libertados do pecado e servindo a Deus, tendes vosso fruto para a santificação, cujo fim é vida eterna" (Rm 6,22).

REFLEXÃO

Que minhas imperfeições diminuam para dar espaço à ação de Deus, assim como se deu com Carlo Acutis.

MILAGRE EUCARÍSTICO

Em 1411, na capela do castelo dos condes Batthyany em Ludbreg (Croácia), um sacerdote, durante a consagração da missa, duvidou da transubstanciação. Nesse momento, o vinho teria se transformado em sangue. Este milagre é celebrado pelos fiéis croatas e a relíquia do preciosíssimo sangue é conservada em um relicário especial e objeto de veneração, com relatos de curas e graças alcançadas através da sua intercessão.

“A santificação não é um processo de adição, mas de subtração.”

Maio

8 D S T Q Q S S

9 D S T Q Q S S

10 D S T Q Q S S

11 D S T Q Q S S

12 D S T Q Q S S

13 D S T Q Q S S

14 D S T Q Q S S

MENSAGEM DE FÉ

"Tudo coopera para o bem daqueles que amam a Deus, daqueles que são chamados segundo o desígnio dele" (Rm 8,28).

REFLEXÃO

Quero usar o meu tempo de forma sábia, assim como fez Carlo Acutis.

MILAGRE EUCARÍSTICO

Em 1433, Avignon (França) foi atingida por fortes chuvas. As águas do rio Ródano transbordaram e inundaram a cidade. A Capela da Santa Cruz, onde o Santíssimo Sacramento estava em exposição, foi cercada pelas águas. No entanto, uma área seca se formou ao redor do altar, e a hóstia consagrada permaneceu intacta, como se as águas tivessem se aberto como no episódio do Mar Vermelho.

"Vivi minha vida sem desperdiçar um minuto com coisas que não agradam a Deus."

Maio

15 DSTQQSS

16 DSTQQSS

17 DSTQQSS

18 DSTQQSS

19 DSTQQSS

20 DSTQQSS

21 DSTQQSS

MENSAGEM DE FÉ

"Que possais compreender a largura, o comprimento, a altura e a profundidade do amor do Cristo para que sejais cheios de toda a plenitude de Deus" (Ef 3,18).

REFLEXÃO

Creio na vida eterna e me preparo para essa realidade, assim como fez Carlo Acutis.

MILAGRE EUCARÍSTICO

Durante a missa da festa da Anunciação, em 25 de março de 1907, na cidade de Silla (Espanha), ao levar as hóstias para a comunhão o pároco percebeu que uma delas estava sangrando – um fenômeno inexplicável e que causou grande comoção entre os fiéis que testemunharam o fato.

"O infinito é a nossa pátria.
O céu está esperando por nós desde sempre."

22 D S T Q Q S S

23 D S T Q Q S S

24 D S T Q Q S S

25 D S T Q Q S S

26 D S T Q Q S S

27 D S T Q Q S S

28 D S T Q Q S S

MENSAGEM DE FÉ

"Deus nos deu vida eterna, e esta vida está no seu Filho" (1Jo 5,11).

REFLEXÃO

Vou procurar desenvolver um relacionamento pessoal com Deus, seguindo o exemplo de Carlo Acutis.

MILAGRE EUCARÍSTICO

Em 1194, na cidade de Augsburg (Alemanha), uma senhora guardou num lenço a hóstia que havia recebido na comunhão e, ao chegar em casa, colocou-a num invólucro de cera. Cinco anos depois, a mulher confessou o ato ao padre e entregou-lhe a hóstia. Ao abrir o invólucro, o sacerdote viu que a hóstia tinha se transformado em carne e apresentava-se dividida em duas partes unidas uma à outra através de finos filamentos vivos de carne.

"Encontre Deus e você encontrará o sentido da sua vida."

Maio

29 D S T Q Q S S

30 D S T Q Q S S

31 D S T Q Q S S

- Busque um tempo e um espaço para conectar-se com Deus.
- Reflita sobre sua caminhada de fé e toda a vivência ao longo do mês.
- Estabeleça as metas de sua jornada de crescimento espiritual para o próximo mês.

Assim eu vivi o mês de MAIO

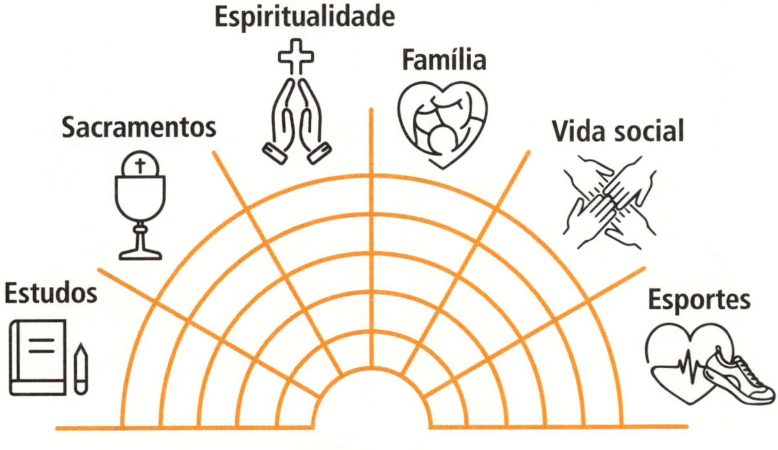

ARCO DA VIDA

JUNHO*

MENSAGEM DE FÉ

"Tendo convocado os Doze, enviou-os para proclamar o Reino de Deus e restituir a saúde aos doentes" (Lc 9,1-6).

REFLEXÃO

Que minha alegria seja contagiante como a de Carlo Acutis e ilumine a vida das pessoas ao meu redor.

MILAGRE EUCARÍSTICO

Em Fiecht (Áustria), no ano de 1310, durante a santa missa, o sacerdote duvidou da presença real de Jesus na Eucaristia. Após a consagração, o vinho transformou-se em sangue, começou a borbulhar e derramar do cálice. O santo sangue ainda se mantém intacto e guardado no Mosteiro de São Georgenberg.

> "Ser cristão significa observar o mundo e levar minha alegria e a minha força aos demais."

Junho

1 D S T Q Q S S

2 D S T Q Q S S

3 D S T Q Q S S

4 D S T Q Q S S

5 D S T Q Q S S

6 D S T Q Q S S

7 D S T Q Q S S

MENSAGEM DE FÉ

"Eu vos digo: todo aquele que se pronunciar por mim diante dos homens, também o Filho do Homem se pronunciará por ele diante dos anjos de Deus" (Lc 12,8).

REFLEXÃO

Assim como Carlo Acutis, sei que não estou só, pois meu anjo da guarda está comigo.

MILAGRE EUCARÍSTICO

Em Poederlee (Bélgica), em 1412, um homem furtou objetos sacros entre os quais o cálice e o cibório com cinco hóstias consagradas, as quais ele escondeu ao lado de uma toca de coelhos. O homem acabou preso e condenado. Para libertar sua alma, confessou e indicou o local onde havia escondido as hóstias, que foram encontradas intactas e resplandecentes, dispostas em forma de cruz.

“Peça continuamente ajuda ao seu anjo da guarda, que deve se tornar seu melhor amigo.”

8 D S T Q Q S S

9 D S T Q Q S S

10 D S T Q Q S S

11 D S T Q Q S S

12 D S T Q Q S S

13 D S T Q Q S S

14 D S T Q Q S S

MENSAGEM DE FÉ

"Eu te estabeleci para seres luz das nações, para levares a salvação até os confins da terra" (At 13,47).

REFLEXÃO

Assim como Carlo Acutis, buscarei na Igreja os meios para alcançar a salvação.

MILAGRE EUCARÍSTICO

Durante a missa pascal de 1331, em Blanot (França), o sacerdote deixou cair um fragmento da hóstia consagrada sobre a toalha. Ele tentou recolher a partícula, mas ela se transformou em sangue. O vigário tentou lavar a toalha, mas a mancha apenas aumentou de tamanho. Ele então rasgou a parte manchada e a guardou em um relicário, onde está até hoje.

> "A Igreja é a dispensadora de tesouros para a nossa salvação."

15 D S T Q Q S S

16 D S T Q Q S S

17 D S T Q Q S S

18 D S T Q Q S S

19 D S T Q Q S S

20 D S T Q Q S S

21 D S T Q Q S S

MENSAGEM DE FÉ

"Se queres ser perfeito, vai, vende teus bens e dá aos pobres, e terás um tesouro nos céus; depois vem, segue-me!" (Mt 19,21).

REFLEXÃO

Ainda que a vida apresente obstáculos, eu os aceitarei como a vontade de Deus, como fez Carlo Acutis.

MILAGRE EUCARÍSTICO

Em 1216, na aldeia de Benningen (Alemanha), dois moleiros estavam em litígio e um deles, visando caluniar o outro, furtou uma hóstia consagrada e escondeu entre as pedras do moinho do vizinho. Durante a festa de São Gregório, a hóstia começou a sangrar e o moleiro sacrílego foi obrigado a confessar o seu delito.

"A nossa bússola deve ser a Palavra de Deus, com a qual devemos lidar constantemente."

22 D S T Q Q S S

23 D S T Q Q S S

24 D S T Q Q S S

25 D S T Q Q S S

26 D S T Q Q S S

27 D S T Q Q S S

28 D S T Q Q S S

MENSAGEM DE FÉ

"O Senhor estabeleceu seu trono nos céus: sua realeza tudo governa" (Sl 103,19).

REFLEXÃO

Rezo o Terço para me conectar com Deus e a Virgem Maria, como fez Carlo Acutis.

MILAGRE EUCARÍSTICO

Em 26 de janeiro de 1902, na Igreja de Santo André, na ilha de Reunião (colônia francesa), durante a missa, no momento da comunhão, o abade Lacombe olhou para o sacrário e viu nele um rosto humano, com os olhos baixos e uma coroa de espinhos. Após a celebração, ele chamou alguns rapazes do coro, que testemunharam a mesma visão, assim como toda a aldeia, que aos poucos veio ver o milagre.

“O Terço é a escada mais curta para subir ao Céu.”

Junho

29 DSTQQSS

30 DSTQQSS

- Busque um tempo e um espaço para conectar-se com Deus.
- Reflita sobre sua caminhada de fé e toda a vivência ao longo do mês.
- Estabeleça as metas de sua jornada de crescimento espiritual para o próximo mês.

Assim eu vivi o mês de **JUNHO**

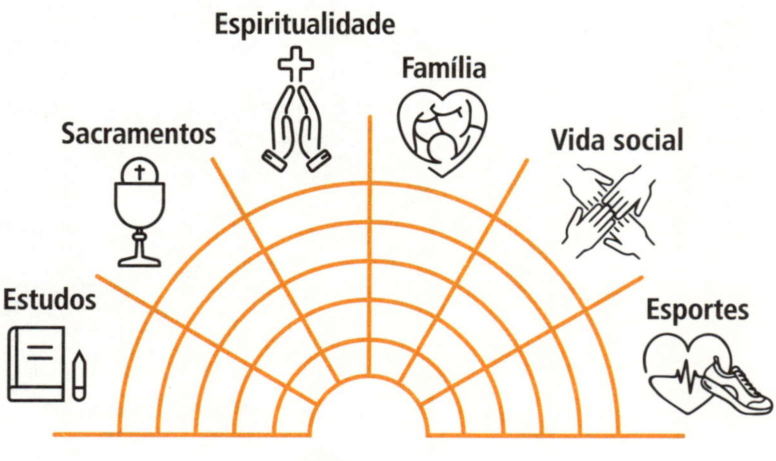

ARCO DA VIDA

JULHO

MENSAGEM DE FÉ

"E ele sujeitou todas as coisas debaixo de seus pés e o deu, como cabeça sobre todas as coisas, à igreja, a qual é seu corpo, a plenitude daquele que completa todas as coisas em tudo" (Ef 1,22-23).

REFLEXÃO

Aceito a doutrina cristã como modelo a ser seguido, assim como Carlo Acutis fazia.

MILAGRE EUCARÍSTICO

Em 1345, ladrões entraram numa igreja perto de Cracóvia (Polônia) e se apoderaram da píxide que continha hóstias consagradas. Ao perceberem que a píxide não era de ouro, jogaram-na num pântano. Imediatamente uma luz fortíssima saiu do meio do lodo e continuou durante vários dias. O bispo foi avisado e, após três dias de jejum e oração, todo o povoado fez uma procissão ao local onde a píxide foi encontrada com as hóstias dentro, completamente intactas e emanando uma luz ofuscante.

“Criticar a Igreja significa criticar a nós mesmos!”

Julho

1 D S T Q Q S S

2 D S T Q Q S S

3 D S T Q Q S S

4 D S T Q Q S S

5 D S T Q Q S S

6 D S T Q Q S S

7 D S T Q Q S S

MENSAGEM DE FÉ

"O Deus de toda a graça, que vos chamou para sua glória eterna em Cristo Jesus, após terdes sofrido por um breve tempo, ele mesmo vos restaurará, vos tornará firmes, vos fortalecerá e vos tornará seguros" (1Pd 5,10).

REFLEXÃO

Carlo Acutis ofereceu seus sofrimentos a Deus. Espero ser capaz de fazer o mesmo.

MILAGRE EUCARÍSTICO

Em 1348, no povoado de Alboraya-Almácera (Espanha), um sacerdote ia visitar alguns doentes para levar-lhes a comunhão quando, ao atravessar um pequeno rio, escorregou e caiu na água com a píxide cheia de hóstias consagradas. Pescadores chamaram sua atenção por verem peixes com discos brancos que pareciam hóstias na boca perto da foz. As partículas foram recuperadas e levadas à igreja com uma procissão solene na qual participou todo o vilarejo.

“Ofereço todo o sofrimento que terei de sofrer ao Senhor, pelo Papa e pela Igreja.”

Julho

8 D S T Q Q S S

9 D S T Q Q S S

10 D S T Q Q S S

11 D S T Q Q S S

12 D S T Q Q S S

13 D S T Q Q S S

14 D S T Q Q S S

MENSAGEM DE FÉ

"Sede devotados à fraternidade uns para com os outros, considerando os outros como de maior honra que vós!" (Rm 12,10).

REFLEXÃO

Cultivo com carinho as minhas amizades, assim como Carlo Acutis.

MILAGRE EUCARÍSTICO

O Milagre Eucarístico de Betânia ocorreu em 8 de dezembro de 1991, na Venezuela, quando uma hóstia consagrada começou a sangrar durante a missa na capela do Santuário de Betânia. O fenômeno foi testemunhado pelo padre e pelos fiéis presentes, e testes científicos confirmaram que a substância era sangue humano do tipo AB, o mesmo encontrado em outros milagres eucarísticos. A hóstia milagrosa, conservada em um convento em Los Teques, em 1998 foi filmada por um jovem pulsando como um coração.

"Os amigos são uma das nossas maiores riquezas, devem ser cultivados com cuidado e ternura."

Julho

15 D S T Q Q S S

16 D S T Q Q S S

17 D S T Q Q S S

18 D S T Q Q S S

19 D S T Q Q S S

20 D S T Q Q S S

21 D S T Q Q S S

MENSAGEM DE FÉ

"Aquele que se compadece do pobre empresta ao Senhor, e este lhe retribuirá o benefício" (Pr 19,17).

REFLEXÃO

Vivo as bem-aventuranças com o mesmo fervor que Carlo Acutis.

MILAGRE EUCARÍSTICO

Na Catedral de Bruxelas (Bélgica), o milagre eucarístico ocorreu em 1370. Um rico mercador, hostil à religião católica, ordenou o roubo de hóstias consagradas, porém, foi assassinado, poucos dias depois. A viúva entregou as hóstias a amigos do marido, também hostis à religião. Na Sexta-feira Santa de 1370, eles fizeram uma cerimônia privada na qual esfaquearam as hóstias, que começaram, então, a sangrar.

"Quanto mais caridade, mais desfrutaremos da bem-aventurança eterna de Deus."

Julho

22 DSTQQSS

23 DSTQQSS

24 DSTQQSS

25 DSTQQSS

26 DSTQQSS

27 DSTQQSS

28 DSTQQSS

MENSAGEM DE FÉ

"Portanto, quer comais, quer bebais, quer façais algo, fazei tudo para a glória de Deus!" (1Cor 10,31).

REFLEXÃO

Carlo Acutis colocava Deus acima de tudo. Também procuro fazer o mesmo.

MILAGRE EUCARÍSTICO

No ano de 1430, em Mônaco (França), uma mulher comprou um ostensório que continha ainda a hóstia magna usada para a adoração. Desavisada, a mulher, decidiu tirá-la usando uma faca. A hóstia começou a sangrar e deixou impressas as imagens de Jesus sentado num trono semicircular e de alguns instrumentos da Paixão. A partícula foi mantida por mais de 350 anos na Basílica de São Miguel Arcanjo, em Dijon, até o dia em que foi destruída por revolucionários em 1794.

“Não amor próprio, mas a glória de Deus.”

😄 🙂 😐 🙁 😩

29 D S T Q Q S S

😄 🙂 😐 🙁 😩

30 D S T Q Q S S

😄 🙂 😐 🙁 😩

31 D S T Q Q S S

- Busque um tempo e um espaço para conectar-se com Deus.
- Reflita sobre sua caminhada de fé e toda a vivência ao longo do mês.
- Estabeleça as metas de sua jornada de crescimento espiritual para o próximo mês.

Assim eu vivi o mês de JULHO

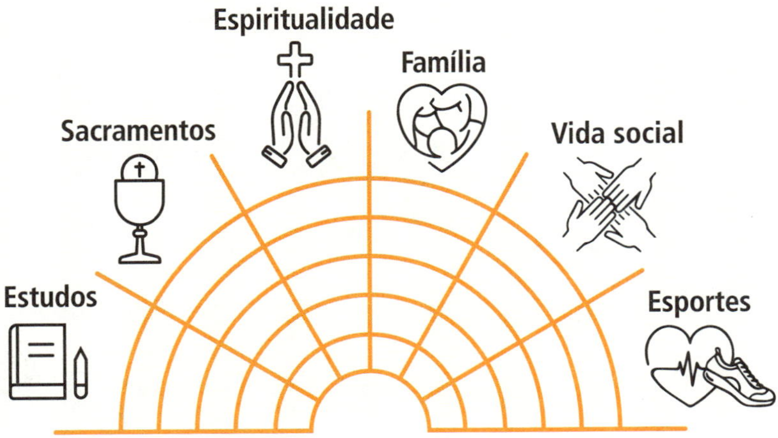

ARCO DA VIDA

A GOS TO

MENSAGEM DE FÉ

"Ide, portanto, fazer discípulos de todas as nações, batizando-os em nome do Pai e do Filho e do Espírito Santo, ensinando-lhes a guardar tudo o que vos tenho ordenado! Eu estou convosco todos os dias, até o fim dos tempos" (Mt 28,19-20).

REFLEXÃO

Faço a vontade de Deus em minha vida, assim como Carlo Acutis.

MILAGRE EUCARÍSTICO

Em Bettbrunn (Alemanha), no ano de 1125, um camponês muito piedoso, por morar distante da paróquia, nem sempre conseguia ir à missa. Ele decidiu, então, roubar uma hóstia consagrada, guardando-a na ponta superior de um bastão que tinha sempre consigo, diante do qual passou a ajoelhar-se diariamente. Um dia lançou impulsivamente o bastão e a hóstia caiu no chão. Todas as tentativas de recolhê-la foram inúteis, até que o bispo de Regensburg prometeu construir uma capela naquele lugar.

"O verdadeiro discípulo de Jesus Cristo é aquele que em tudo tenta fazer a vontade de Deus."

1 D S T Q Q S S

2 D S T Q Q S S

3 D S T Q Q S S

4 D S T Q Q S S

5 D S T Q Q S S

6 D S T Q Q S S

7 D S T Q Q S S

MENSAGEM DE FÉ

"Vede, irmãos, que não haja entre vós quem tenha coração malvado, incrédulo, que se afaste do Deus vivo!" (Hb 3,12).

REFLEXÃO

Carlo Acutis dizia não ser ninguém sem Deus. Procuro viver da mesma forma.

MILAGRE EUCARÍSTICO

Em 1412, o prior da Basílica de Santa Maria de Bagno di Romagna (Itália) enquanto celebrava a Santa Missa duvidou da presença real de Jesus no Santíssimo Sacramento. Mal tinha terminado de pronunciar sobre o vinho as palavras da consagração, ele se transformou em sangue e começou a ferver, derramando-se sobre o corporal. O padre, profundamente arrependido, confessou sua falta de fé aos presentes e o grande prodígio que o Senhor fizera diante dos seus olhos.

"Sem Deus não posso fazer nada."

8 DSTQQSS

9 DSTQQSS

10 DSTQQSS

11 DSTQQSS

12 DSTQQSS

13 DSTQQSS

14 DSTQQSS

MENSAGEM DE FÉ

"Levanto meus olhos para os montes: de onde vem meu auxílio? Meu auxílio vem de junto do Senhor, aquele que fez os céus e a terra" (Sl 121[120],1-2).

REFLEXÃO

Busco viver sem pecados, como Carlo Acutis.

MILAGRE EUCARÍSTICO

Canosio é um pequeno povoado da diocese de Saluzzo (Itália). Em 1630, alguns dias depois da festa de *Corpus Christi*, o rio Maira transbordou por causa de fortes chuvas. O pároco, com o Santíssimo Sacramento no ostensório, dirigiu-se em procissão ao lugar da enchente e exortou todos os cidadãos a rezar ao Senhor e prometer: se o povoado se salvasse, celebrariam todos os anos uma festa na Oitava de *Corpus Christi*. Depois da bênção, a chuva parou e até hoje os moradores da cidade são fiéis à promessa feita.

“A alma, para elevar-se ao céu, necessita tirar pequenos pesos que são os pecados veniais.”

15 DSTQQSS

16 DSTQQSS

17 DSTQQSS

18 DSTQQSS

19 DSTQQSS

20 DSTQQSS

21 DSTQQSS

MENSAGEM DE FÉ

"Mas, como o Santo que vos chamou, tornai-vos santos em toda conduta, pois está escrito: 'Sereis santos, porque eu sou santo'" (1Pd 1,15).

REFLEXÃO

Carlo Acutis desejava a santidade na Terra. Procuro fazer o mesmo, com afinco.

MILAGRE EUCARÍSTICO

Em Boxmeer (Holanda), no ano de 1400, as espécies do vinho se transformaram em sangue, derramando-se do cálice e caindo sobre o corporal quando o sacerdote celebrava a missa e duvidou da presença real do Senhor no pão e no vinho consagrados. Ele, então, pediu perdão a Deus e, no mesmo instante, o sangue que caiu no corporal coagulou-se numa massa e ficou do tamanho de uma noz. Ainda hoje é possível ver o sangue, que não sofreu alterações apesar do tempo que passou.

"É necessário desejar a santidade com todo o coração."

22 D S T Q Q S S

23 D S T Q Q S S

24 D S T Q Q S S

25 D S T Q Q S S

26 D S T Q Q S S

27 D S T Q Q S S

28 D S T Q Q S S

MENSAGEM DE FÉ

"O Senhor escuta quando eu clamo por ele. Oferecei sacrifícios de justiça e confiai no Senhor!" (Sl 4,4.6).

REFLEXÃO

Carlo Acutis rezava o Rosário diariamente e eu procuro fazer o mesmo, imitando-o.

MILAGRE EUCARÍSTICO

Em 1290 por causa da invasão dos Lituanos, um sacerdote do vilarejo de Glotwo (Polônia) escondeu num campo uma píxide na qual, por distração, tinha ficado uma hóstia consagrada. As tropas lituanas destruíram completamente o povoado e a igreja, porém, nenhum dos sobreviventes sabia nada sobre a hóstia. Depois de muitos anos, um camponês a encontrou, íntegra e branca como a neve, porque seus animais se inclinaram diante dela, que emanava uma luz brilhantíssima.

"Lembre-se de recitar o Rosário todos os dias."

29 D S T Q Q S S

30 D S T Q Q S S

31 D S T Q Q S S

- Busque um tempo e um espaço para conectar-se com Deus.
- Reflita sobre sua caminhada de fé e toda a vivência ao longo do mês.
- Estabeleça as metas de sua jornada de crescimento espiritual para o próximo mês.

Assim eu vivi o mês de AGOSTO

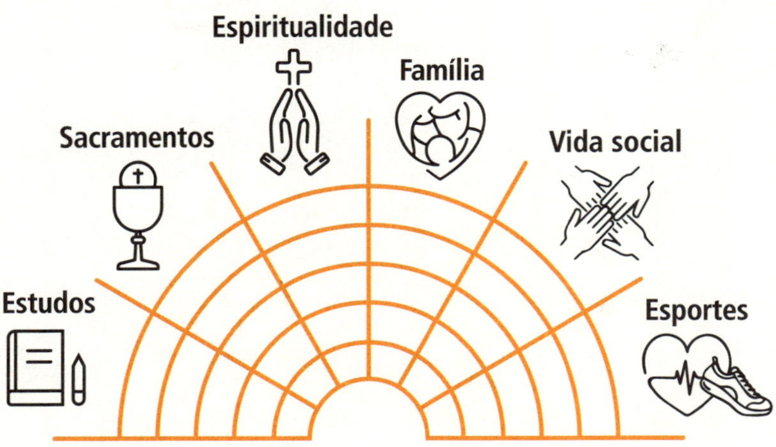

ARCO DA VIDA

SE TEM BRO

MENSAGEM DE FÉ

"Quem tem ouvidos ouça o que o Espírito diz às igrejas: ao vencedor lhe darei comer da árvore da vida, que está no paraíso de Deus!" (Ap 2,7).

REFLEXÃO

Procuro comungar todos os dias, como Carlo Acutis.

MILAGRE EUCARÍSTICO

Em 1597, um ladrão roubou algumas hóstias consagradas e alguns objetos valiosos de uma igreja perto de Alcalá (Espanha). Dias depois, o ladrão se arrependeu e decidiu confessar-se. O sacerdote pediu as hóstias e, por prudência, preferiu guardá-las e esperar a sua natural decomposição. Depois de onze anos, as hóstias estavam ainda intactas e depois de um minucioso exame médico e teológico, o fato foi declarado milagroso.

“Vai direto para o paraíso quem recebe a Eucaristia todos os dias.”

1 DSTQQSS

2 DSTQQSS

3 DSTQQSS

4 DSTQQSS

5 DSTQQSS

6 DSTQQSS

7 DSTQQSS

MENSAGEM DE FÉ

"Eu te ordeno: Sê forte e corajoso! Não temas nem te acovardes, porque o Senhor, teu Deus, está contigo por onde quer que vás" (Js 1,9).

REFLEXÃO

Hoje estou me sentindo confiante em Deus, como viveu Carlo Acutis.

MILAGRE EUCARÍSTICO

Na Páscoa de 1254, na Igreja de Santo Amado, em Douai (França), o sacerdote que estava distribuindo a comunhão, sem querer, deixou uma hóstia consagrada cair no chão. Imediatamente ele se abaixou para pegá-la, mas ela se elevou sozinha. Em seguida, no lugar da hóstia apareceu um menino, que todos que presenciavam a celebração puderam contemplar.

“Como é possível ficar triste tendo Deus sempre conosco?”

Setembro

8 D S T Q Q S S

9 D S T Q Q S S

10 D S T Q Q S S

11 D S T Q Q S S

12 D S T Q Q S S

13 D S T Q Q S S

14 D S T Q Q S S

MENSAGEM DE FÉ

"Nada poderá nos separar do amor de Deus que está em Cristo Jesus, nosso Senhor" (Rm 8,39).

REFLEXÃO

Sou capaz de perceber Jesus na Eucaristia, com a mesma entrega que Carlo Acutis.

MILAGRE EUCARÍSTICO

Em 1280, na cidadezinha de Kranenburg bei Kleve (Alemanha), um pastor que não conseguia engolir a hóstia consagrada por causa de uma doença, cuspiu-a perto de uma árvore. O pároco foi avisado, mas não conseguiu localizar a hóstia. Alguns anos depois, o homem decidiu derrubar a árvore, que foi cortada em duas partes. Dentro dela havia um crucifixo perfeitamente talhado.

"Jesus é original, pois se esconde em um pedacinho de pão, e só Deus poderia fazer algo assim."

Setembro

15 D S T Q Q S S

16 D S T Q Q S S

17 D S T Q Q S S

18 D S T Q Q S S

19 D S T Q Q S S

20 D S T Q Q S S

21 D S T Q Q S S

MENSAGEM DE FÉ

"Que poderá dar o homem em troca de sua vida? O Filho do Homem há de vir na glória de seu Pai, com seus anjos, e, então, retribuirá a cada um de acordo com seu modo de agir" (Mt 16,26b-27).

REFLEXÃO

Cuido de minha alma com zelo, à exemplo de Carlo Acutis.

MILAGRE EUCARÍSTICO

Em 1631, uma camponesa imprudente acendeu palhas secas e acabou provocando um grande incêndio num povoado da cidade de Dronero (Itália). Todas as tentativas para domar o fogo foram inúteis. O padre, então, teve uma inspiração: organizou uma procissão solene com o Santíssimo Sacramento e, seguido pelos cidadãos, dirigiu-se ao lugar do incêndio, que foi diminuindo até extinguir-se.

"Aquilo que conta na vida é a nobreza da alma."

22 DSTQQSS

23 DSTQQSS

24 DSTQQSS

25 DSTQQSS

26 DSTQQSS

27 DSTQQSS

28 DSTQQSS

MENSAGEM DE FÉ

"Tudo quanto pedirdes em oração, tendo fé, o recebereis" (Mt 21,22).

REFLEXÃO

Carlo Acutis está no céu! Estou trilhando meu caminho para o céu, como ele.

MILAGRE EUCARÍSTICO

Em 1230, na Igreja de Santo Ambrósio, em Florença (Itália), depois de ter celebrado a missa, um sacerdote distraidamente deixou no cálice algumas gotas de vinho consagrado. No dia seguinte, quando foi celebrar a missa viu dentro do cálice gotas de sangue vivo e coagulado. Confirmado o prodígio, o sangue foi colocado numa ampola de cristal e ainda hoje é exposto ao povo com grande reverência.

"O Terço é a escada mais curta para subir ao Céu."

29

DSTQQSS

30

DSTQQSS

- Busque um tempo e um espaço para conectar-se com Deus.
- Reflita sobre sua caminhada de fé e toda a vivência ao longo do mês.
- Estabeleça as metas de sua jornada de crescimento espiritual para o próximo mês.

Assim eu vivi o mês de SETEMBRO

OU TU BRO

MENSAGEM DE FÉ

"Pois está escrito: 'Sereis santos, porque eu sou santo'" (1Pd 1,16).

REFLEXÃO

Tenho buscado a santidade no meu dia a dia, assim como fez Carlo Acutis.

MILAGRE EUCARÍSTICO

Por volta de 1380, um sacerdote celebrava a missa diante do altar dos Reis Magos, na Igreja de São Pedro, em Boxtel (Holanda), quando, sem querer, esbarrou no cálice e derramou o vinho consagrado. Apesar de o vinho ser branco, as manchas no corporal e na toalha do altar eram de sangue. O sacerdote tentou tirar a mancha de sangue dos linhos sagrados, mas não conseguiu. Escondeu-os numa mala debaixo da sua cama e somente revelou o seu segredo quando estava à beira da morte.

"Quando nos colocamos diante de Jesus Eucaristia nos tornamos santos."

1 D S T Q Q S S

2 D S T Q Q S S

3 D S T Q Q S S

4 D S T Q Q S S

5 D S T Q Q S S

6 D S T Q Q S S

7 D S T Q Q S S

MENSAGEM DE FÉ

"Pois Deus nos chamou não para a impureza, mas em santidade!" (1Ts 4,7).

REFLEXÃO

Peço a Deus que me ajude a trilhar o caminho de santidade, como viveu Carlo Acutis.

MILAGRE EUCARÍSTICO

No dia de Natal de 2013, na Igreja de São Jacinto, em Legnica (Polônia), uma hóstia caiu ao chão durante a comunhão. Conforme as normas litúrgicas, a hóstia foi colocada em água para dissolução, mas, dias depois, manchas avermelhadas foram observadas na hóstia. Exames demonstraram que se assemelhava a tecido cardíaco humano com alterações que surgem durante a agonia.

"Se não desejamos a santidade ainda, temos de pedi-la a Deus, insistentemente."

8 D S T Q Q S S

9 D S T Q Q S S

10 D S T Q Q S S

11 D S T Q Q S S

12 D S T Q Q S S

13 D S T Q Q S S

14 D S T Q Q S S

MENSAGEM DE FÉ

"Pois sete vezes cai o justo e se levanta, mas os malvados desfalecerão na desgraça" (Pv 24,16).

REFLEXÃO

Carlo Acutis era justo e ponderado. Procuro ser justo em minhas tomadas de decisão.

MILAGRE EUCARÍSTICO

Em 1231, em Caravaca de la Cruz (Espanha), um sacerdote cristão havia ido viver entre os mouros com o propósito de pregar o Evangelho. Conduzido à presença do rei, foi interrogado sobre aspectos da religião cristã. Fascinado, o rei ordenou-lhe que celebrasse uma missa. A certa altura, o sacerdote percebe a ausência da cruz, mas subitamente surgem dois anjos que depositam uma cruz sobre o altar. No momento da consagração, o rei contempla no lugar da hóstia um belíssimo menino. Depois do evento, o rei e sua família converteram-se e foram batizados.

“De que adianta o homem vencer mil batalhas se não conseguir vencer a si mesmo?”

Outubro

15 D S T Q Q S S

16 D S T Q Q S S

17 D S T Q Q S S

18 D S T Q Q S S

19 D S T Q Q S S

20 D S T Q Q S S

21 D S T Q Q S S

MENSAGEM DE FÉ

"A alma generosa se fartará. Quem dá de beber será saciado" (Pv 11,25).

REFLEXÃO

Procuro ser generoso e agradar a Deus com minha vida, assim como fez Carlo Acutis.

MILAGRE EUCARÍSTICO

Durante a Páscoa de 1461, uma senhora conduz seu filho à Igreja de São Bartolomeu, em La Rochelle (França). O menino havia ficado paralisado e mudo por causa de uma queda. No momento da comunhão, o rapaz demonstra querer receber Jesus na Eucaristia. Imediatamente após receber a hóstia, sente-se possuído de uma força misteriosa e consegue movimentar-se e falar: estava curado.

"A vida é uma dádiva."

Outubro

22 DSTQQSS

23 DSTQQSS

24 DSTQQSS

25 DSTQQSS

26 DSTQQSS

27 DSTQQSS

28 DSTQQSS

MENSAGEM DE FÉ

"Sede devotados à fraternidade uns para com os outros, considerando os outros como de maior honra que vós!" (Rm 12,10).

REFLEXÃO

Amo todos os meus irmãos e irmãs de coração aberto, como fez Carlo Acutis.

MILAGRE EUCARÍSTICO

No dia 25 de abril de 1356, em Macerata (Itália), um sacerdote celebrava a missa na capela da Igreja de Santa Catarina. Durante a fração do pão, o sacerdote teve dúvidas sobre a presença real de Jesus. No momento em que partia a hóstia, começou a jorrar sangue que manchou parte do linho e do cálice que estava sobre o altar. A relíquia pode ser vista na Catedral de Santa Maria Assunta e São Giuliano, onde também é guardado um pergaminho da época com a descrição do prodígio.

"O que nos torna belos aos olhos de Deus é a maneira como amamos nossos irmãos."

Outubro

29 D S T Q Q S S

30 D S T Q Q S S

31 D S T Q Q S S

- Busque um tempo e um espaço para conectar-se com Deus.
- Reflita sobre sua caminhada de fé e toda a vivência ao longo do mês.
- Estabeleça as metas de sua jornada de crescimento espiritual para o próximo mês.

Assim eu vivi o mês de OUTUBRO

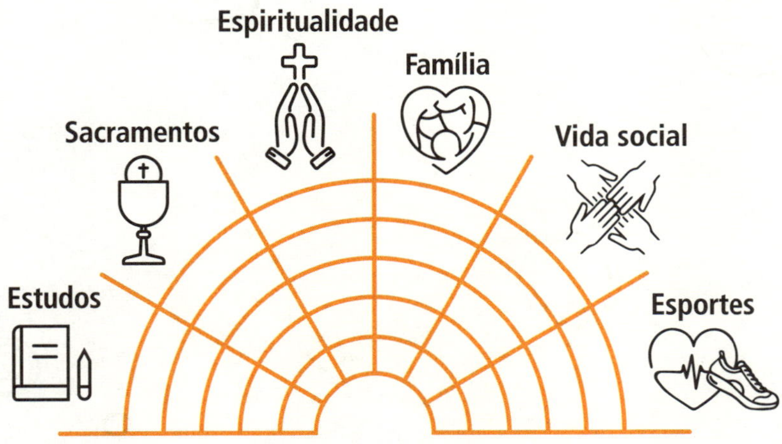

ARCO DA VIDA

NOVEMBRO

MENSAGEM DE FÉ

"Assim, pois, Deus amou o mundo: a ponto de dar o Filho Unigênito, a fim de que todo aquele que nele crer não pereça, mas tenha a vida eterna" (Jo 3,16).

REFLEXÃO

Carlo Acutis viveu o céu na terra. Busco o céu na terra também.

MILAGRE EUCARÍSTICO

Na cidade de Rimini (Itália) há uma igreja construída no local do milagre eucarístico atribuído a Santo Antônio de Pádua. Em 1227, Antônio teria sido desafiado por um cátaro que propôs deixar sua mula três dias em jejum e então oferecer-lhe a hóstia consagrada e um punhado de cevada. No dia marcado, diante de uma multidão, o animal ignorou a cevada e ajoelhou-se diante do Santíssimo Sacramento oferecido pelo santo.

“Se as pessoas soubessem o que é a eternidade, fariam de tudo para mudar de vida.”

Novembro

1 D S T Q Q S S

2 D S T Q Q S S

3 D S T Q Q S S

4 D S T Q Q S S

5 D S T Q Q S S

6 D S T Q Q S S

7 D S T Q Q S S

MENSAGEM DE FÉ

"Pedi, e vos será dado; buscai, e encontrareis; batei, e vos será aberto; pois todo aquele que pede recebe, quem busca encontra e, ao que bate, lhe será aberto!" (Mt 7,7-8).

REFLEXÃO

Carlo Acutis pensava sempre nos irmãos menos favorecidos. Façamos o mesmo.

MILAGRE EUCARÍSTICO

Em 1239, comandantes cristãos das cidades de Daroca, Teruel e Catalayud (Espanha), em batalha contra os mouros, pediram ao sacerdote que celebrasse uma missa. Um ataque repentino do inimigo obrigou o sacerdote a esconder as hóstias consagradas sob uma pedra, envolvidas nos linhos usados para a celebração. Depois que as tropas inimigas bateram em retirada, o sacerdote encontrou as hóstias ensopadas de sangue. Ainda hoje é possível venerar os linhos manchados.

"Faça pedidos e ofereça flores ao Senhor e Nossa Senhora, a fim de ajudar os outros."

Novembro

8 DSTQQSS

9 DSTQQSS

10 DSTQQSS

11 DSTQQSS

12 DSTQQSS

13 DSTQQSS

14 DSTQQSS

MENSAGEM DE FÉ

"Se cumpris a lei do Reino, de acordo com a Escritura: 'Amarás o teu próximo como a ti mesmo', procedeis bem" (Tg 2,8).

REFLEXÃO

Amo meus irmãos e minhas irmãs em Cristo, como fazia Carlo Acutis.

MILAGRE EUCARÍSTICO

Em 1330, na Basílica de São Jorge em Walldürn (Alemanha), durante a missa o sacerdote acidentalmente derramou o cálice que continha o vinho consagrado, que se transformou em sangue. Formou-se, então, no corporal, uma imagem de Cristo crucificado, rodeado por onze cabeças iguais de Cristo coroado de espinhos. A relíquia se conserva ainda hoje perto do altar lateral da basílica.

"Uma vida só é verdadeiramente bela se passamos a amar ao nosso próximo como a nós mesmos."

15 D S T Q Q S S

16 D S T Q Q S S

17 D S T Q Q S S

18 D S T Q Q S S

19 D S T Q Q S S

20 D S T Q Q S S

21 D S T Q Q S S

MENSAGEM DE FÉ

"Acumulai tesouros no céu, onde nem a traça nem a ferrugem devoram, onde os ladrões não arrombam nem roubam! Pois, onde estiver teu tesouro, ali estará também teu coração" (Mt 6,20).

REFLEXÃO

Carlo Acutis rezava o Rosário diariamente. Com qual frequência tenho rezado o Rosário?

MILAGRE EUCARÍSTICO

Na igreja do mosteiro de Rosano (Itália) há uma estátua do Sagrado Coração de Jesus em tamanho natural que sangrou e lacrimejou em diversas ocasiões. A primeira vez foi em abril de 1948, durante as Vésperas, e depois, repetidamente, até 1950, sem explicação natural ou humana.

"Cada vez que rezamos o Rosário, nós nos colocamos em contato direto com o céu."

22 D S T Q Q S S

23 D S T Q Q S S

24 D S T Q Q S S

25 D S T Q Q S S

26 D S T Q Q S S

27 D S T Q Q S S

28 D S T Q Q S S

MENSAGEM DE FÉ

"O Senhor está próximo. Não vos inquieteis, mas, em toda ocasião, apresentai a Deus vossos pedidos com oração, prece e ação de graças!" (Fl 4,6).

REFLEXÃO

Cuido de estar em dia com os sacramentos da Igreja, como procurava fazer Carlo Acutis.

MILAGRE EUCARÍSTICO

Ainda hoje é possível admirar no Santuário de Guadalupe, na região de Toledo (Espanha), as relíquias do corporal e da pala ensanguentada, usados durante uma missa, em 1420. No momento da consagração, o sacerdote viu uma nuvem densa que descia e cobria o altar. Ele suplicou ao Senhor que dissipasse suas dúvidas e então viu que a hóstia estava elevada sobre o cálice e dela caíam grossas gotas de sangue que encheram completamente o cálice e transbordaram.

“Para uma vida bem vivida, são necessários meios especiais, como os sacramentos e a oração.”

29 D S T Q Q S S

30 D S T Q Q S S

- Busque um tempo e um espaço para conectar-se com Deus.
- Reflita sobre sua caminhada de fé e toda a vivência ao longo do mês.
- Estabeleça as metas de sua jornada de crescimento espiritual para o próximo mês.

Assim eu vivi o mês de **NOVEMBRO**

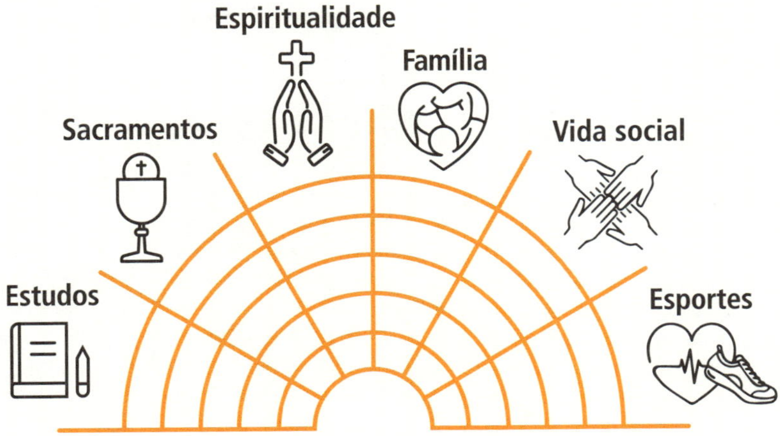

ARCO DA VIDA

DEZEMBRO

MENSAGEM DE FÉ

"Jesus disse-lhes: 'Atenção! Guardai-vos de toda forma de ganância! Porque, mesmo quando alguém tem em abundância, sua vida não depende de suas posses'" (Lc 12,15).

REFLEXÃO

Que as virtudes e o amor ao próximo sejam os tesouros da minha vida, como dizia Carlo Acutis.

MILAGRE EUCARÍSTICO

O milagre eucarístico de Mogoro, na Sardenha (Itália), ocorreu em abril de 1604, quando dois homens em pecado mortal derrubaram no chão as hóstias consagradas, que deixaram marcas impressas na pedra. O evento foi investigado pelo bispo da época e a "pedra do milagre" ainda conserva as marcas das duas hóstias, sendo visível num nicho do altar da igreja.

"Dinheiro é só papel que se rasga."

Dezembro

1 D S T Q Q S S

2 D S T Q Q S S

3 D S T Q Q S S

4 D S T Q Q S S

5 D S T Q Q S S

6 D S T Q Q S S

7 D S T Q Q S S

MENSAGEM DE FÉ

"'Amarás o Senhor, teu Deus, com todo o teu coração, com toda a tua alma e com toda a tua mente'. [...] 'Amarás teu próximo como a ti mesmo'. Nesses dois mandamentos apoia-se toda a Lei e os Profetas" (Mt 22,37-40).

REFLEXÃO

Quero seguir os ensinamentos cristãos, conforme ensinados por Jesus e praticados por Carlo Acutis.

MILAGRE EUCARÍSTICO

No dia 24 de junho de 1300, em Breda-Niervaart (Holanda), quando o país estava ocupado pelo exército espanhol, um soldado roubou uma hóstia consagrada. Pouco tempo depois, um camponês a achou escondida em perfeito estado, debaixo de um punhado de terra. A hóstia foi levada ao pároco, colocada numa preciosa custódia e depois num ostensório, onde se manteve intacta por muitos anos até perder-se por causa de conflitos religiosos.

"O que importa na vida é a maneira como se ama a Deus e ao próximo."

8 D S T Q Q S S

9 D S T Q Q S S

10 D S T Q Q S S

11 D S T Q Q S S

12 D S T Q Q S S

13 D S T Q Q S S

14 D S T Q Q S S

MENSAGEM DE FÉ

"Quem ama sua vida a perde, mas quem odeia sua vida neste mundo vai guardá-la para a vida eterna" (Jo 12,25).

REFLEXÃO

Que eu alcance a clareza da fé de Carlo Acutis para que minha alma eleve-se em direção ao céu.

MILAGRE EUCARÍSTICO

Na cidade de Poznan (Polônia) em 1399, foram roubadas três hóstias consagradas que, por desprezo, foram furadas com um estilete. As hóstias começaram a sangrar e todas as tentativas de destruí-las foram inúteis. Para não serem descobertos, os malfeitores decidiram jogá-las no pântano, mas as partículas flutuaram no ar e começaram a irradiar fachos de luz. O bispo conseguiu recuperá-las e ainda hoje podem ser veneradas na igreja do Corpo de Cristo em Poznan.

“Para subir ao Céu, necessitamos despojar-nos de tudo que pesa.”

15 D S T Q Q S S

16 D S T Q Q S S

17 D S T Q Q S S

18 D S T Q Q S S

19 D S T Q Q S S

20 D S T Q Q S S

21 D S T Q Q S S

MENSAGEM DE FÉ

"Não temas, pois eu estou contigo, não fiques pasmo, pois sou teu Deus. A ti fortaleci, também te auxiliei, também te segurei com minha destra da justiça" (Is 41,10).

REFLEXÃO

Assim como Carlo Acutis, reconheço a presença, o poder e a fidelidade de Deus.

MILAGRE EUCARÍSTICO

O pároco do povoado de Ivorra (Espanha) duvidava da presença real de Cristo na Eucaristia. Certo dia, no ano de 1010, enquanto celebrava a missa, o vinho que estava dentro do cálice se converteu em sangue e derramou, manchando a toalha do altar e o chão. As relíquias ainda hoje se conservam num relicário e, no segundo domingo de Páscoa, se celebra a festa conhecida com o nome de "Santa Dúvida".

"Deus está sempre conosco."

22 D S T Q Q S S

23 D S T Q Q S S

24 D S T Q Q S S

25 D S T Q Q S S

26 D S T Q Q S S

27 D S T Q Q S S

28 D S T Q Q S S

MENSAGEM DE FÉ

"Pedi, e vos será dado; buscai, e encontrareis; batei, e vos será aberto; pois todo aquele que pede recebe, quem busca encontra e, ao que bate, lhe será aberto! (Mt 7,7-8).

REFLEXÃO

Aceito o convite de rezar diariamente, pois, assim como Carlo Acutis, creio no amor de Deus Pai.

MILAGRE EUCARÍSTICO

Em 1411, na paróquia de Weiten (Áustria), um ladrão roubou uma hóstia consagrada. Ao tentar fugir para um vilarejo vizinho, sem perceber deixou-a cair no chão. Dias depois uma piedosa senhora viu uma luz fortíssima perto de uma cerca e, ao se aproximar, viu uma hóstia dividida em duas partes unidas a filamentos de carne ensanguentada.

“Devemos rezar o Rosário todos os dias.”

29 D S T Q Q S S

30 D S T Q Q S S

31 D S T Q Q S S

Este ano foi especial!
Tenho muito a agradecer.
Obrigado, Jesus!
Desejo viver o novo ano seguindo seus passos, a exemplo de São Carlo Acutis.

Assim eu vivi o mês de DEZEMBRO

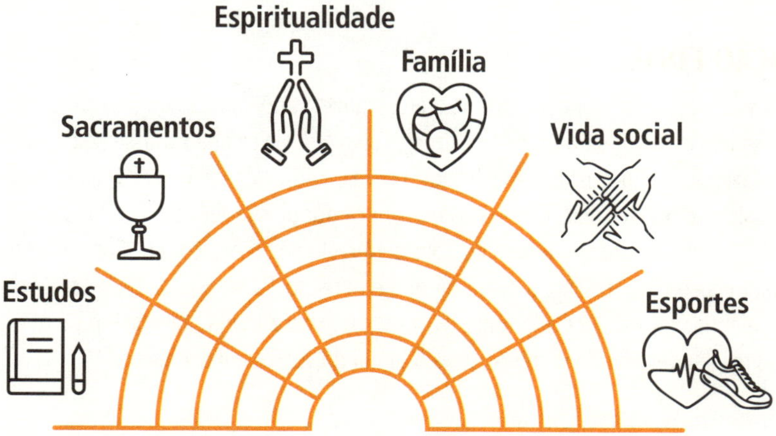

ARCO DA VIDA

NOVENA A SÃO CARLO ACUTIS*

1º Dia
Vida em família

Em nome do Pai e do Filho e do Espírito Santo. Amém!

ORAÇÃO INICIAL

Ó Deus, nosso Pai, obrigado por nos terdes dado Carlo, modelo de vida para os jovens e mensagem de amor para todos. Vós fizestes com que ele se apaixonasse pelo vosso Filho Jesus, fazendo da Eucaristia a sua "rodovia para o céu". Amém.

LEITURA BÍBLICA

"E, tendo tomado um pão, pronunciou a ação de graças, partiu e lhes deu, dizendo: 'Isto é meu corpo, que é dado por vós; fazei isto em minha memória'. E, depois da ceia, fez o mesmo com o cálice, dizendo: 'Este cálice é a nova aliança com meu sangue, que é derramado por vós'" (Lc 22,19-20).

REFLEXÃO

Estes dois versículos, que apresentam o ponto forte da última ceia de Jesus, nos ajudam a refletir que, assim como o Mestre, o qual nos convida a fazer memória de sua entrega e amor a cada um de nós, do mesmo modo viveu Carlo Acutis, esse jovem que soube viver essa aliança com Deus, sempre em favor da humanidade.

ORAÇÃO FINAL

Ó Deus, nosso Pai, obrigado por nos terdes dado Carlo, modelo de vida para os jovens e mensagem de amor para todos. Vós fizestes com que ele se apaixonasse pelo vosso Filho Jesus, fazendo da Eucaristia a sua "rodovia para o céu". Vós lhe destes Maria, como mãe amadíssima, e fizestes dele, com o Rosário, um cantor da sua ternura. Aceitai a sua oração por nós. Olhai especialmente para os pobres, que ele amou e socorreu. Concedei também a mim, pela sua intercessão, a graça de que eu preciso *[fazer o pedido]*, e tornai plena a nossa alegria, colocando Carlo entre os santos da vossa Igreja universal, para que o seu sorriso resplandeça ainda para nós, para a glória do vosso nome. Amém.

Pai-Nosso, Ave-Maria, Glória.

---

* Cf. ARAUJO, Alexsandra. Novena a Carlo Acutis. São Paulo: Paulinas, 2024.

2º Dia
Alegria de viver

Em nome do Pai e do Filho e do Espírito Santo. Amém!

ORAÇÃO INICIAL

Ó Deus, nosso Pai, obrigado por nos terdes dado Carlo, modelo de vida para os jovens e mensagem de amor para todos. Vós fizestes com que ele se apaixonasse pelo vosso Filho Jesus, fazendo da Eucaristia a sua "rodovia para o céu". Amém.

LEITURA BÍBLICA

"Quem come minha carne e bebe meu sangue tem a vida eterna, e eu o ressuscitarei no último dia, pois minha carne é verdadeira comida e meu sangue é verdadeira bebida. Quem come minha carne e bebe meu sangue permanece em mim, e eu nele" (Jo 6,54-56).

REFLEXÃO

O pequeno Carlo, desde muito pequeno, já transparecia sua aproximação com Deus, começando por seu Batismo quinze dias após o seu nascimento. Como ele mesmo dizia, "encontrando Deus, encontraremos o sentindo de nossa vida"; estar na presença do Senhor e permanecer nele foi o maior desejo de sua breve vida.

ORAÇÃO FINAL

Ó Deus, nosso Pai, obrigado por nos terdes dado Carlo, modelo de vida para os jovens e mensagem de amor para todos. Vós fizestes com que ele se apaixonasse pelo vosso Filho Jesus, fazendo da Eucaristia a sua "rodovia para o céu". Vós lhe destes Maria, como mãe amadíssima, e fizestes dele, com o Rosário, um cantor da sua ternura. Aceitai a sua oração por nós. Olhai especialmente para os pobres, que ele amou e socorreu. Concedei também a mim, pela sua intercessão, a graça de que eu preciso *[fazer o pedido]*, e tornai plena a nossa alegria, colocando Carlo entre os santos da vossa Igreja universal, para que o seu sorriso resplandeça ainda para nós, para a glória do vosso nome. Amém.

Pai-Nosso, Ave-Maria, Glória.

3º Dia
Arte de servir

Em nome do Pai e do Filho e do Espírito Santo. Amém!

ORAÇÃO INICIAL

Ó Deus, nosso Pai, obrigado por nos terdes dado Carlo, modelo de vida para os jovens e mensagem de amor para todos. Vós fizestes com que ele se apaixonasse pelo vosso Filho Jesus, fazendo da Eucaristia a sua "rodovia para o céu". Amém.

LEITURA BÍBLICA

"Quando chegou o dia de Pentecostes, estavam todos eles reunidos no mesmo lugar. De repente, veio do céu um ruído, como o de uma rajada de vento impetuoso, e encheu toda a casa onde se encontravam. Todos ficaram plenos do Espírito Santo e começaram a falar diferentes línguas, conforme o Espírito lhes permitia expressarem-se" (At 2,1-2.4).

REFLEXÃO

A ação amorosa do Espírito nos impele para uma dinâmica eclesial, sempre em vista da missão deixada por Jesus a cada um de nós, assim como aconteceu com o grupo apostólico. Carlo também assume esse Espírito como dom e graça em sua vida. Como está essa dinâmica também em mim? Peço as luzes do Espírito de Deus para me guiar e ajudar nas decisões no dia a dia?

ORAÇÃO FINAL

Ó Deus, nosso Pai, obrigado por nos terdes dado Carlo, modelo de vida para os jovens e mensagem de amor para todos. Vós fizestes com que ele se apaixonasse pelo vosso Filho Jesus, fazendo da Eucaristia a sua "rodovia para o céu". Vós lhe destes Maria, como mãe amadíssima, e fizestes dele, com o Rosário, um cantor da sua ternura. Aceitai a sua oração por nós. Olhai especialmente para os pobres, que ele amou e socorreu. Concedei também a mim, pela sua intercessão, a graça de que eu preciso *[fazer o pedido]*, e tornai plena a nossa alegria, colocando Carlo entre os santos da vossa Igreja universal, para que o seu sorriso resplandeça ainda para nós, para a glória do vosso nome. Amém.

Pai-Nosso, Ave-Maria, Glória.

4º Dia
Coração orante

Em nome do Pai e do Filho e do Espírito Santo. Amém!

ORAÇÃO INICIAL

Ó Deus, nosso Pai, obrigado por nos terdes dado Carlo, modelo de vida para os jovens e mensagem de amor para todos. Vós fizestes com que ele se apaixonasse pelo vosso Filho Jesus, fazendo da Eucaristia a sua "rodovia para o céu". Amém.

LEITURA BÍBLICA

"Estavam junto à cruz de Jesus sua mãe, a irmã de sua mãe, Maria de Cléofas, e Maria de Mágdala. Jesus, tendo visto a mãe e, a seu lado, aquele discípulo que ele amava, disse à mãe: 'Mulher, eis teu filho'. Depois, disse ao discípulo: 'Eis tua mãe'. E, a partir daquela hora, o discípulo a tomou consigo" (Jo 19,25-27).

REFLEXÃO

Maria é uma presença importante na vida de Jesus, sendo ela quem compreendeu a vontade de Deus para sua vida e que se deixou conduzir por suas mãos. Essa presença mariana também é possível perceber em toda a vida de Carlo Acutis, que rezava constantemente o Rosário e pedia sempre a intercessão dela.

ORAÇÃO FINAL

Ó Deus, nosso Pai, obrigado por nos terdes dado Carlo, modelo de vida para os jovens e mensagem de amor para todos. Vós fizestes com que ele se apaixonasse pelo vosso Filho Jesus, fazendo da Eucaristia a sua "rodovia para o céu". Vós lhe destes Maria, como mãe amadíssima, e fizestes dele, com o Rosário, um cantor da sua ternura. Aceitai a sua oração por nós. Olhai especialmente para os pobres, que ele amou e socorreu. Concedei também a mim, pela sua intercessão, a graça de que eu preciso *[fazer o pedido]*, e tornai plena a nossa alegria, colocando Carlo entre os santos da vossa Igreja universal, para que o seu sorriso resplandeça ainda para nós, para a glória do vosso nome. Amém.

Pai-Nosso, Ave-Maria, Glória.

5º Dia
Caminho de fé

Em nome do Pai e do Filho e do Espírito Santo. Amém!

ORAÇÃO INICIAL

Ó Deus, nosso Pai, obrigado por nos terdes dado Carlo, modelo de vida para os jovens e mensagem de amor para todos. Vós fizestes com que ele se apaixonasse pelo vosso Filho Jesus, fazendo da Eucaristia a sua "rodovia para o céu". Amém.

LEITURA BÍBLICA

"E dizia a todos: 'Quem quiser vir após mim negue a si mesmo, carregue cada dia sua cruz e siga-me. Pois quem quiser salvar sua vida a perderá, mas quem perder sua vida por mim, esse a salvará. Com efeito, de que vale ao homem ganhar o mundo inteiro, se ele destrói ou arruína a si mesmo?'" (Lc 9,23-27).

REFLEXÃO

O seguimento de Jesus exige uma saída de si mesmo, para que ele se torne vida em nossa vida. Carlo sempre se baseou e se serviu dos meios de que a Igreja dispõe para que caminhemos, seguindo todo dia a cruz, em busca da santidade.

ORAÇÃO FINAL

Ó Deus, nosso Pai, obrigado por nos terdes dado Carlo, modelo de vida para os jovens e mensagem de amor para todos. Vós fizestes com que ele se apaixonasse pelo vosso Filho Jesus, fazendo da Eucaristia a sua "rodovia para o céu". Vós lhe destes Maria, como mãe amadíssima, e fizestes dele, com o Rosário, um cantor da sua ternura. Aceitai a sua oração por nós. Olhai especialmente para os pobres, que ele amou e socorreu. Concedei também a mim, pela sua intercessão, a graça de que eu preciso *[fazer o pedido]*, e tornai plena a nossa alegria, colocando Carlo entre os santos da vossa Igreja universal, para que o seu sorriso resplandeça ainda para nós, para a glória do vosso nome. Amém.

Pai-Nosso, Ave-Maria, Glória.

6º Dia
Anúncio e testemunho

Em nome do Pai e do Filho e do Espírito Santo. Amém!

ORAÇÃO INICIAL

Ó Deus, nosso Pai, obrigado por nos terdes dado Carlo, modelo de vida para os jovens e mensagem de amor para todos. Vós fizestes com que ele se apaixonasse pelo vosso Filho Jesus, fazendo da Eucaristia a sua "rodovia para o céu". Amém.

LEITURA BÍBLICA

"E disse-lhes: 'Indo por todo o mundo, proclamai o Evangelho a toda criatura'. Eles saíram para proclamar em toda parte, cooperando com eles o Senhor e confirmando a Palavra pelos sinais que o acompanhavam" (Mc 16,15.20).

REFLEXÃO

Hoje, cada pessoa é chamada a atualizar e a assumir a missão-envio dos discípulos de Jesus, para "ir e proclamar o Evangelho". Carlo foi como o bom discípulo, que, ao escutar este convite, proclamou com o seu testemunho de vida e com os seus dons, em plena sintonia com Deus, o projeto de salvação.

ORAÇÃO FINAL

Ó Deus, nosso Pai, obrigado por nos terdes dado Carlo, modelo de vida para os jovens e mensagem de amor para todos. Vós fizestes com que ele se apaixonasse pelo vosso Filho Jesus, fazendo da Eucaristia a sua "rodovia para o céu". Vós lhe destes Maria, como mãe amadíssima, e fizestes dele, com o Rosário, um cantor da sua ternura. Aceitai a sua oração por nós. Olhai especialmente para os pobres, que ele amou e socorreu. Concedei também a mim, pela sua intercessão, a graça de que eu preciso *[fazer o pedido]*, e tornai plena a nossa alegria, colocando Carlo entre os santos da vossa Igreja universal, para que o seu sorriso resplandeça ainda para nós, para a glória do vosso nome. Amém.

Pai-Nosso, Ave-Maria, Glória.

7º Dia
Com Jesus Eucarístico

Em nome do Pai e do Filho e do Espírito Santo. Amém!

ORAÇÃO INICIAL

Ó Deus, nosso Pai, obrigado por nos terdes dado Carlo, modelo de vida para os jovens e mensagem de amor para todos. Vós fizestes com que ele se apaixonasse pelo vosso Filho Jesus, fazendo da Eucaristia a sua "rodovia para o céu". Amém.

LEITURA BÍBLICA

"Sou eu o Pão da Vida. Vossos pais, no deserto, comeram o maná e morreram. Este é o pão que desce do céu para que aquele que dele comer não morra. Eu sou o Pão Vivo que desceu do céu. Quem comer deste pão viverá para sempre, e o pão que eu darei para a vida do mundo é minha carne" (Jo 6,48-51).

REFLEXÃO

Jesus se autoafirma "Pão da Vida", que se ofereceu inteiramente por amor. Esse clima de comunhão e adoração vivenciado é um convite para uma tomada de consciência do valor e do significado da Eucaristia para a vida de cada pessoa em nosso tempo. Na vivência dos sacramentos, "a graça sacramental é a graça do Espírito Santo, dada por Cristo e peculiar a cada sacramento. O Espírito cura e transforma os que o recebem, conformando-os com o Filho de Deus" (Catecismo da Igreja Católica, 1129).

ORAÇÃO FINAL

Ó Deus, nosso Pai, obrigado por nos terdes dado Carlo, modelo de vida para os jovens e mensagem de amor para todos. Vós fizestes com que ele se apaixonasse pelo vosso Filho Jesus, fazendo da Eucaristia a sua "rodovia para o céu". Vós lhe destes Maria, como mãe amadíssima, e fizestes dele, com o Rosário, um cantor da sua ternura. Aceitai a sua oração por nós. Olhai especialmente para os pobres, que ele amou e socorreu. Concedei também a mim, pela sua intercessão, a graça de que eu preciso *[fazer o pedido]*, e tornai plena a nossa alegria, colocando Carlo entre os santos da vossa Igreja universal, para que o seu sorriso resplandeça ainda para nós, para a glória do vosso nome. Amém.

Pai-Nosso, Ave-Maria, Glória.

8º Dia
Elos de fidelidade

Em nome do Pai e do Filho e do Espírito Santo. Amém!

ORAÇÃO INICIAL

Ó Deus, nosso Pai, obrigado por nos terdes dado Carlo, modelo de vida para os jovens e mensagem de amor para todos. Vós fizestes com que ele se apaixonasse pelo vosso Filho Jesus, fazendo da Eucaristia a sua "rodovia para o céu". Amém.

LEITURA BÍBLICA

"Portanto, por Cristo, somos embaixadores, como se Deus exortasse por intermédio de nós. Em nome de Cristo, suplicamos-vos: reconciliai-vos com Deus! Aquele que não conheceu o pecado se fez pecado por nós, para que nós nos tornássemos, nele, justiça de Deus" (2Cor 5,20-21).

REFLEXÃO

Carlo Acutis tinha consciência da importância dos sacramentos em sua vida e os buscava incessantemente, como preparação para a eternidade. Pensemos: como me preparo para vivenciar os sacramentos? Como está a minha preparação para a eternidade?

ORAÇÃO FINAL

Ó Deus, nosso Pai, obrigado por nos terdes dado Carlo, modelo de vida para os jovens e mensagem de amor para todos. Vós fizestes com que ele se apaixonasse pelo vosso Filho Jesus, fazendo da Eucaristia a sua "rodovia para o céu". Vós lhe destes Maria, como mãe amadíssima, e fizestes dele, com o Rosário, um cantor da sua ternura. Aceitai a sua oração por nós. Olhai especialmente para os pobres, que ele amou e socorreu. Concedei também a mim, pela sua intercessão, a graça de que eu preciso *[fazer o pedido]*, e tornai plena a nossa alegria, colocando Carlo entre os santos da vossa Igreja universal, para que o seu sorriso resplandeça ainda para nós, para a glória do vosso nome. Amém.

Pai-Nosso, Ave-Maria, Glória.

9º Dia
Para sempre em Deus

Em nome do Pai e do Filho e do Espírito Santo. Amém!

ORAÇÃO INICIAL

Ó Deus, nosso Pai, obrigado por nos terdes dado Carlo, modelo de vida para os jovens e mensagem de amor para todos. Vós fizestes com que ele se apaixonasse pelo vosso Filho Jesus, fazendo da Eucaristia a sua "rodovia para o céu". Amém.

LEITURA BÍBLICA

"Era já por volta da sexta hora, e houve trevas sobre a terra inteira, até a hora nona, tendo o sol se eclipsado. O véu do santuário rasgou-se ao meio. Exclamando com voz forte, Jesus disse: 'Pai, em tuas mãos entrego meu espírito'. E, dito isso, expirou" (Lc 23,44-46).

REFLEXÃO

Desde o nascimento, a certeza que cada pessoa tem é de que um dia irá retornar à presença daquele que nos criou. O jovem Carlo fez sua Páscoa de forma muita rápida, mas a certeza é de que viveu e se doou intensamente por aqueles que o acompanharam. Peçamos que o Bem-aventurado Carlo Acutis possa continuar intercedendo pela juventude e pelo mundo da tecnologia.

ORAÇÃO FINAL

Ó Deus, nosso Pai, obrigado por nos terdes dado Carlo, modelo de vida para os jovens e mensagem de amor para todos. Vós fizestes com que ele se apaixonasse pelo vosso Filho Jesus, fazendo da Eucaristia a sua "rodovia para o céu". Vós lhe destes Maria, como mãe amadíssima, e fizestes dele, com o Rosário, um cantor da sua ternura. Aceitai a sua oração por nós. Olhai especialmente para os pobres, que ele amou e socorreu. Concedei também a mim, pela sua intercessão, a graça de que eu preciso *[fazer o pedido]*, e tornai plena a nossa alegria, colocando Carlo entre os santos da vossa Igreja universal, para que o seu sorriso resplandeça ainda para nós, para a glória do vosso nome. Amém.

Pai-Nosso, Ave-Maria, Glória.

SANTORAL ROMANO E PRÓPRIO DO BRASIL

JANEIRO

1	S. Maria, Mãe de Deus
2	Ss. Basílio Magno e Gregório Nazianzeno
3	S. Genoveva
4	S. Ângela de Foligno
5	S. Gerlach
6	Reis Magos
7	S. Raimundo Penhaforte
8	S. Severino
9	S. Adriano
10	S. Gregório X
11	S. Teodósio
12	S. Bento Biscop
13	S. Hilário
14	S. Verônica de Milão
15	S. Francisco F. de Capillas
16	S. Berardo e comps.
17	S. Antão
18	S. Margarida da Hungria
19	Ss. Mário e Marta da Pérsia
20	S. Fabiano, S. Sebastião
21	S. Inês
22	S. Vicente
23	S. Vicente Pallotti
24	S. Francisco de Sales
25	Conversão de S. Paulo
26	Ss. Timóteo e Tito
27	S. Ângela Mérici
28	S. Tomás de Aquino
29	S. Sulpício
30	S. Jacinta Mariscotti
31	S. João Bosco

FEVEREIRO

1	S. Veridiana
2	Apresentação do Senhor
3	S. Brás, S. Oscar
4	S. João de Brito
5	S. Águeda
6	S. Paulo Miki e comps.
7	S. Ricardo
8	S. Josefina Bakhita
9	S. Miguel F. Cordero
10	S. Escolástica
11	N. Senhora de Lourdes
12	S. Eulália
13	S. Tiago de Viterbo
14	Ss. Cirilo e Metódio
15	S. Cláudio de La Colombière
16	S. Onésimo
17	Ss. Fundadores dos Servitas
18	S. Teotônio
19	S. Bonifácio de Lausanne
20	Bvs. Francisco e Jacinta Marto
21	S. Pedro Damião
22	Cátedra de S. Pedro, Apóstolo
23	S. Policarpo
24	S. Sérgio
25	S. Tarásio
26	S. Porfírio
27	S. Gregório de Narek
28	S. Romano
29	S. Hilário de Poitiers

MARÇO

1	S. Albino
2	S. Inês de Praga
3	S. Martírio de Cesareia
4	S. Casimiro
5	S. João da Cruz, S. Teófilo
6	S. Rosa de Viterbo
7	Ss. Perpétua e Felicidade
8	S. João de Deus
9	S. Francisca Romana
10	S. João Ogilvie
11	S. Eulógio
12	S. Luís Orione
13	S. Cristian, S. Eufrásia
14	S. Matilde
15	S. Luísa de Marillac
16	S. Heriberto
17	S. Patrício
18	S. Cirilo de Jerusalém
19	S. José
20	S. Ambrósio de Sena
21	S. Serapião de Têmuis
22	S. Leia
23	S. Turíbio de Mogrovejo
24	S. Catarina da Suécia
25	Anunciação do Senhor
26	S. Ludgero
27	S. João do Egito
28	S. Gontrão
29	S. Bertoldo
30	S. João Clímaco
31	S. Balbina

ABRIL

1	S. Hugo
2	S. Francisco de Paula
3	S. Irene
4	S. Isidoro
5	S. Vicente Ferrer
6	S. Marcelino
7	S. João Batista de la Salle
8	S. Júlia Billiart
9	S. Cacilda
10	S. Ezequiel
11	S. Estanislau
12	S. Vítor de Braga
13	S. Martinho I
14	S. Liduína
15	Ss. Basilissa e Anastácia
16	S. Bernadete Soubirous
17	S. Roberto de Turlande e comps.
18	S. Galdino
19	S. Expedito
20	S. Teodoro
21	S. Anselmo
22	S. Agapito
23	S. Adalberto, S. Jorge
24	S. Fidélis de Sigmaringa
25	S. Marcos, Evangelista
26	Ss. Anacleto e Marcelino
27	S. Zita
28	S. Pedro Chanel
29	S. Catarina de Sena
30	S. Pio V

MAIO

1	S. José Operário
2	S. Atanásio
3	Ss. Filipe e Tiago, Apóstolos
4	S. Floriano
5	S. Ângelo
6	S. Lúcio de Cirene
7	S. Flávia Domitila
8	S. Vítor
9	S. Gregório de Óstia
10	S. João de Ávila
11	S. Inácio Laconi
12	Ss. Nereu, Aquiles, S. Pancrácio
13	N. Senhora de Fátima
14	S. Matias, Apóstolo
15	S. Silvano
16	S. João Nepomuceno
17	S. Pascoal Baylon
18	S. João I
19	S. Ivo
20	S. Bernardino de Sena
21	S. Cristóforo Magalhães e comps.
22	S. Rita de Cássia
23	S. João Batista de Rossi
24	N. Senhora Auxiliadora
25	S. Beda, o Venerável
26	S. Filipe Néri
27	S. Agostinho de Cantuária
28	S. Germano de Paris
29	S. Paulo VI
30	S. Joana d'Arc
31	Visitação de N. Senhora

JUNHO

1	S. Justino
2	Ss. Marcelino e Pedro
3	S. Carlos Lwanga e comps.
4	S. Francisco Caracciolo
5	S. Bonifácio, bispo e mártir
6	S. Norberto
7	S. Antônio Maria Gianelli
8	S. Efrém
9	S. José de Anchieta
10	S. Olívia
11	S. Barnabé, Apóstolo
12	S. Onofre
13	S. Antônio de Pádua
14	S. Eliseu, S. Iolanda
15	S. Vito, Bv. Albertina Berkenbrock
16	S. Tícon
17	S. Bessário
18	S. Marina
19	S. Romualdo
20	S. Florentina
21	S. Luís Gonzaga
22	S. João Fischer, S. Tomás Moro
23	S. Agripina
24	Natividade de S. João Batista
25	S. Guilherme de Vercelli
26	S. Josemaria Escrivá
27	S. Cirilo de Alexandria
28	S. Irineu
29	S. Pedro e São Paulo
30	Ss. Primeiros Mártires de Roma

JULHO

1	S. Oliviero Plunkett
2	S. Otão
3	S. Tomé, Apóstolo
4	S. Isabel de Portugal
5	S. Antônio M. Zaccaria
6	S. Maria Goretti
7	S. Vilibaldo
8	S. Agostinho Zhao Rong e comps.
9	S. Paulina
10	S. Olavo
11	S. Bento, abade
12	S. João Gualberto
13	S. Henrique
14	S. Camilo de Lellis
15	S. Boaventura
16	N. Senhora do Carmo
17	Bv. Inácio de Azevedo e comps.
18	S. Francisco Solano
19	S. Símaco
20	S. Apolinário
21	S. Lourenço de Bríndisi
22	S. Maria Madalena
23	S. Brígida
24	S. Charbel Makhluf
25	S. Tiago, Apóstolo
26	Ss. Joaquim e Ana
27	S. Celestino I
28	S. Inocêncio I
29	Ss. Marta, Maria e Lázaro
30	S. Pedro Crisólogo
31	S. Inácio de Loyola

AGOSTO

1	S. Afonso M. de Ligório
2	S. Pedro Julião Eymard
3	S. Lídia
4	S. João Maria Vianney
5	Dedicação da Basílica de S. Maria
6	Transfiguração do Senhor
7	S. Caetano e S. Sisto
8	S. Domingos
9	S. Teresa Benedita da Cruz
10	S. Lourenço
11	S. Clara de Assis
12	S. Joana Francisca de Chantal
13	S. Dulce Lopes Pontes
14	S. Maximiliano M. Kolbe
15	S. Tarcísio
16	S. Estêvão da Hungria
17	S. Jacinto
18	S. Helena, S. Lauro
19	S. João Eudes
20	S. Bernardo de Claraval
21	S. Pio X
22	N. Senhora Rainha
23	S. Rosa de Lima
24	S. Bartolomeu, Apóstolo
25	S. José de Calasanz
26	S. Gelásio
27	S. Mônica
28	S. Agostinho
29	Martírio de S. João Batista
30	Ss. Félix e Adauto
31	S. Raimundo Nonato

SETEMBRO

1	S. Egídio
2	S. Doroteia
3	S. Gregório Magno
4	S. Rosália
5	S. Teresa de Calcutá
6	S. Zacarias
7	S. Regina
8	Natividade de N. Senhora
9	S. Pedro Claver
10	S. Cândida, S. Nicolau de Tolentino
11	S. Gabriel Perboyre
12	SS. Nome de Maria
13	S. João Crisóstomo
14	Exaltação da S. Cruz
15	N. Senhora das Dores
16	Ss. Cornélio e Cipriano
17	S. Roberto Belarmino
18	S. José de Cupertino
19	S. Januário
20	S. André Kim Taegón e comps.
21	S. Mateus, Apóstolo e Evangelista
22	S. Maurício e comps.
23	S. Pio de Pietrelcina
24	N. Senhora das Mercês
25	S. Firmino I
26	Ss. Cosme e Damião
27	S. Vicente de Paulo
28	S. Venceslau
29	S. Miguel, S. Gabriel, S. Rafael, arcanjos
30	S. Jerônimo

OUTUBRO

1	S. Teresa do Menino Jesus
2	Santos Anjos da Guarda
3	S. André de Soveral e comps.
4	S. Francisco de Assis
5	S. Benedito, S. Faustina Kowalska
6	S. Bruno
7	N. Senhora do Rosário
8	S. Taís
9	S. João Leonardi
10	S. Francisco de Borja
11	S. João XXIII
12	N. Senhora Aparecida e S. Carlo Acutis
13	S. Eduardo
14	S. Calixto I
15	S. Teresa de Jesus
16	S. Edwiges
17	S. Inácio de Antioquia
18	S. Lucas, Evangelista
19	S. Paulo da Cruz
20	S. Maria Bertilla Boscardin
21	S. Úrsula e comps.
22	S. João Paulo II
23	S. João de Capistrano
24	S. Antônio Maria Claret
25	S. Antônio Sant'Anna Galvão
26	S. Evaristo
27	Ss. Vicente, Sabina e Cristália
28	Ss. Simão e Judas, Apóstolos
29	S. Narciso, S. Petrônio
30	S. Geraldo
31	S. Afonso Rodrigues

NOVEMBRO

1	Todos os Santos
2	Finados
3	S. Martinho de Lima
4	S. Carlos Borromeu
5	S. Zacarias e S. Isabel
6	S. Leonardo de Noblac
7	S. Vilibrordo
8	S. Adeodato
9	Dedicação da Basílica do Latrão
10	S. Leão Magno
11	S. Martinho de Tours
12	S. Josafá
13	S. Diogo
14	S. Lourenço
15	S. Alberto Magno
16	S. Margarida da Escócia
17	S. Isabel da Hungria
18	Dedic. das Bas. de S. Pedro e S. Paulo
19	S. Roque González e comps.
20	Ss. Otávio, Solutor e Aventor
21	Apresentação de N. Senhora
22	S. Cecília
23	S. Clemente I, S. Columbano
24	S. André Dung-Lac e comps.
25	S. Catarina de Alexandria
26	Bv. Tiago Alberione
27	N. Senhora das Graças
28	S. Catarina Labouré, S. Sóstenes
29	S. Saturnino
30	S. André, Apóstolo

DEZEMBRO

1	S. Elígio
2	S. Cromácio
3	S. Francisco Xavier
4	S. Bárbara, S. João Damaceno
5	S. Geraldo, S. Sabas
6	S. Nicolau
7	S. Ambrósio
8	Imaculada Conceição
9	S. João Diego
10	N. Senhora de Loreto
11	S. Dâmaso I
12	N. Senhora de Guadalupe
13	S. Luzia
14	S. João da Cruz
15	S. Maria Vitória
16	S. Adelaide
17	S. Lázaro, S. Olímpia
18	Ss. Rufo e Zósimo
19	S. Urbano V
20	S. Domingos de Silos
21	S. Pedro Canísio
22	S. Francisca Xavier Cabrini
23	S. João Câncio
24	Ss. Ermina e Adélia
25	Natal do Senhor
26	S. Estêvão
27	S. João, Apóstolo e Evangelista
28	Santos Inocentes
29	S. Tomás Becket
30	S. Savino
31	S. Silvestre I

Dados Internacionais de Catalogação na Publicação (CIP)
Angélica Ilacqua CRB-8/7057

Meu caminho de fé : seguindo o exemplo de Carlo Acutis / Equipe Paulinas. - São Paulo : Paulinas, 2025.
200 p. : il., color.

Bibliografia
ISBN 978-65-5808-383-2

1. Livros de oração e devoções – Agenda 2. Acutis, Carlo, 1991-2006 I. Equipe Paulinas

25-2975 CDD 242.76

Índice para catálogo sistemático:
1. Livros de oração e devoções

Direção-geral: *Ágda França*
Organização: *Marina Mendonça e Andréia Schweitzer*
Revisão: *Sandra Sinzato*
Gerente de produção: *Felício Calegaro Neto*
Produção de arte: *Elaine Alves*
Ilustrações: *Carlos Filipe França*
Fotos: *Associazione Amici di Carlo Acutis*

Cadastre-se e receba nossas informações
paulinas.com.br
Telemarketing e SAC: 0800-7010081

Paulinas Editora
Rua Dona Inácia Uchoa, 62
04110-020 – São Paulo – SP (Brasil)
(11) 2125-3500
editora@paulinas.com.br

Paulinas

Rua Dona Inácia Uchoa, 62
04110-020 – São Paulo – SP (Brasil)
Tel.: (11) 2125-3500
paulinas.com.br – editora@paulinas.com.br
Telemarketing e SAC: 0800-7010081